Das Buch

Sprechen Sie mit Ihren Tieren? Verstehen Sie die Antworten? Und – genügt Ihnen das oder suchen Sie eine tiefere Verbindung?

Der Autorin genügte die herkömmliche Form der Verständigung mit ihren Katzen nicht mehr, sie wollte lernen, wie sie auch auf höherer geistiger Ebene Kontakt zu ihnen herstellen kann. In diesem Buch zeigt sie Ihnen, auf welchem Weg ihr dies gelang. Sehr persönlich, anschaulich und liebevoll schildert sie, wie sie lernte, mit ihren Tieren zu kommunizieren, und erläutert die entsprechenden Techniken. Auf ihrer Entdeckungsreise öffnete sie sich für die seelischen Aufgaben, die sie und ihre Tiere zu erfüllen haben. Dabei fand sie den geistigen Ort, an dem alle Lebewesen die gleiche Sprache sprechen, die Sprache der Seele und des Herzens.

Begleiten Sie Susanne Hühn auf ihrem Weg zu echtem seelischen Kontakt, wahrer Liebe und gleichberechtigter Partnerschaft mit Tieren. Es ist eine Partnerschaft, die weit über das hinausreicht, was wir üblicherweise als Sprache der Tiere kennen.

Die Autorin

Susanne Hühn wurde in Heidelberg geboren und lebt und arbeitet nun in der Nähe von Darmstadt. Sie ist ausgebildete Lebensberaterin und ganzheitliche Physiotherapeutin. Sie schreibt spirituelle Selbsthilfebücher und gibt Lebensberatung, Channelings sowie Meditationskurse für Erwachsene und Kinder. Seit nunmehr fast zwanzig Jahren begleitet sie Menschen auf ihrem Weg zur Genesung. Mit dem Schreiben begann sie vor zwölf Jahren. Zunächst vermittelte sie ihr spirituelles Wissen in Romanform, dann entwickelte sie Sachbücher. Ihr Lebensweg führte sie auch mit Katzen zusammen, derzeit sind sechs an ihrer Seite.

Susanne Hühn

Katzen-Geflüster

*Ein besonderer Ratgeber für alle,
die mit Tieren leben und reden*

ISBN 3-89767-218-9

© 2005 Schirner Verlag, Darmstadt
Erste Auflage

Umschlag: Murat Karaçay
Fotos: Susanne & Maria Kimberley Hühn
Redaktion & Satz: Kirsten Glück
Herstellung: Reyhani Druck & Verlag, Darmstadt

Printed in Germany

www.schirner.com

Inhaltsverzeichnis

Widmung

Für Marion und Uwe:
Danke für Dana, Cleopatra und Morpheus.
Und für Tanja und Christoph:
Danke für eure Begleitung in einer schweren Zeit.

Die Sache der Tiere steht höher für mich als die Sorge,
mich lächerlich zu machen.
Sie ist unlösbar verknüpft mit der Sache der Menschen.

EMILE ZOLA
(1840–1902, französischer Romanschriftsteller des Naturalismus)

Vorwort

Liebe Leserin, lieber Leser,

mit diesem Buch hatte ich vor, Ihnen zu zeigen, wie ich mit meinen Tieren rede. Ich wollte Ihnen einen Einblick geben, wie wir auf höheren Ebenen mit ihnen kommunizieren können. ›Ich erkläre ihnen‹, dachte ich, ›daß sie eine spirituelle Aufgabe haben können und wie sie herausfinden, welche. Es gibt ein paar Techniken, die ich ihnen gern vorstellen möchte, und ein paar Fallbeispiele.‹

Aber das hat nicht sollen sein. Es kommt mir eher so vor, als begänne ich mit diesem Buch eine einzige gigantische Liebeserklärung an jene Lebewesen, die mir eine so tiefe Ruhe und Zärtlichkeit vermitteln, daß ich es Menschen, die keine Tiere haben, gar nicht begreiflich machen kann. Es kann sein, daß dieses Buch persönlicher ist als alle, die ich über Vertrauen, Reichtum, Liebe, Kraft und Engel geschrieben habe, obwohl ich das nicht beabsichtigte. Es ist eher so, daß ich das riskieren mußte, um Ihnen wirklich zeigen zu können, was ich meine.

Wenn Sie also dennoch bereit sind, mit mir zu kommen und mir in das Reich der Göttin Bastet, der altägyptischen Katzengöttin, zu folgen, dann freue ich mich sehr über Ihre Begleitung. Selbstverständlich können Sie die Techniken, die ich Ihnen auf diesen Seiten vorstelle, auch bei

allen anderen Tieren anwenden. Aber da ich in meinem Leben bis jetzt meistens nur Katzen hatte (und habe), kann ich auch am ehesten über Katzen reden.

Wenn Sie erlauben, dann stelle ich Ihnen einfach meine Tiere vor, erzähle Ihnen, wie ich den Kontakt zu ihnen herstelle, wie jedes anders darauf reagiert und wie unterschiedlich ihre Botschaften sind.

Sie werden auf diesen Seiten spüren, wie sehr ich meine Tiere liebe. Das geht nicht anders, ich kann nicht in nüchternen Worten darüber schreiben. Ich bitte Sie, nachsichtig zu sein und sich die Informationen, die Ihnen dienlich sind, herauszufiltern.

Ich beschreibe jede Technik aber auch noch einmal ausführlich am Ende jedes Kapitels. Wenn Sie also nur Informationen über geistiges Kommunizieren haben möchten, lassen Sie meine Geschichten einfach weg. Die Techniken bauen aufeinander auf, so daß es sinnvoll ist, sie nacheinander durchzugehen.

Nur kurz, damit wir uns nicht falsch verstehen:
Sie finden hier weder Erziehungs- noch Ernährungstips, ich erzähle nichts über das Verhalten von und gegenüber Tieren oder vom richtigen Umgang mit ihnen. Darüber gibt es wundervolle Bücher von weitaus kompetenteren Menschen.

Ich erzähle über meine Art, mich auf spiritueller Ebene mit meinen Tieren zu verbinden, über die Rolle, die sie in meinem Leben spielen, und berichte von dem, was sie mich lehren. Das mache ich in der

Hoffnung, daß Sie sich vielleicht darin erkennen und für sich daraus herausziehen, was Ihnen hilft.

Ich verspreche Ihnen, daß Sie beim Lesen dieses Buches interessante Einblicke in das Wesen der Kommunikation mit Tieren erhalten werden, aber auch in andere geistige Ebenen, besonders, wenn Sie sich noch nicht so stark mit diesem Thema beschäftigt haben. Wenn Sie selbst bereits mit Ihrem Tier reden, dann kennen Sie den Zauber und die überraschende Klarheit, die diese Verständigung auszeichnen.

Vielleicht finden Sie in dem hier Beschriebenen einiges von dem wieder, was Sie selbst auch erleben. Wenn ich Ihnen dabei helfen kann, daß Sie das, was Sie zu hören glauben, tatsächlich für wahr halten, und wenn Sie vielleicht noch die eine oder andere Technik kennenlernen, dann freut mich das sehr. Wir verpassen so viel, wenn wir nicht mit unseren Tieren reden, besonders in der heutigen Zeit mit ihren neuen Energien, auf der „neuen Erde".

Je intensiver wir den spirituellen Kontakt zu allen Wesen dieser Erde gestalten, um so rascher erkennen wir unsere eigene Rolle und Aufgabe in dem großartigen Schauspiel „Leben auf der Erde", das wir gemeinsam erschaffen.

Lassen mich Ihnen nun meine Tiere vorstellen und ihre Rolle in meinem Leben sowie das beschreiben, was sie mich gelehrt haben. Ich bin stolz und, ehrlich gesagt, tatsächlich glücklich, daß Sie mit mir kommen. Ich danke Ihnen dafür von ganzem Herzen.

Doch zunächst: Darf ich von nun an du sagen? Uns verbindet diese tiefe Liebe zu Tieren, das ist doch schon eine ganze Menge, oder? Mir fällt es so leichter, über etwas zu schreiben, das mir so nahe geht. Ich danke dir. Und wenn du nicht so angesprochen werden möchtest, dann denke dir bitte einfach das „Sie" anstelle des „Du".

Bianca

oder

Mein Wille geschehe:

Die Technik der geistigen Bilder

Ich bin mit Tieren aufgewachsen: mit Schäferhunden, Vögeln und Meerschweinchen. Aber als ich auszog und allein oder später mit einem Partner lebte, wollte ich kein Tier mehr haben. Denn ein Tier zu haben bedeutete für mich, den Hundezwinger saubermachen zu müssen, Hundefutter in großen Eimern vom Metzger zu holen, Verantwortung zu tragen und immer ein schlechtes Gewissen zu haben, weil nie genug Zeit da ist, sich wirklich um das Tier zu kümmern.

„Hast du schon den Zwinger saubergemacht? Du weißt: Wenn du ein Tier hast, mußt du dich auch darum kümmern. Das ist eine Verantwortung, die du trägst …"

Das stimmt natürlich alles, aber ein Tier zu halten schien mir dadurch immer eher harte Arbeit zu sein als eine Quelle der Freude und Liebe. Es schuf ein ständig schlechtes Gewissen und Verpflichtungen.

Außerdem habe ich mir nicht zugetraut, so für ein Lebewesen dazusein, daß es bei mir glücklich und gesund bleiben kann. Ich habe aus diesem Grund auch keine Kinder. Ich hatte zudem immer genug mit mir selbst zu tun. Ein Tier zu haben kam mir vor, als fügte ich der „to do"-Liste nur einen weiteren Punkt hinzu.

Bis ich irgendwann ganz allein lebte und mit Therapiesitzungen begann. Es ging dabei um das „innere Kind", den Teil in uns, der unschuldig, verletzlich, aber auch unendlich liebevoll und kreativ ist. Was denn mein inneres Kind bräuchte, damit es sich glücklich und anerkannt fühlen würde, fragte mich meine Therapeutin. Wie aus heiterem Himmel sagte ich: ›Ein schwarzes Kaninchen!‹

Ich war selbst völlig verwundert, aber zwei Tage später hoppelte

tatsächlich dieses süße Wesen in meiner Wohnung umher: Bianca. Sie brachte Lebendigkeit und eine Zartheit, die ich nicht erwartet hätte, aber ich hatte auch jede Menge Angst, nicht wirklich gut für meine Kleine sorgen zu können.

Ich war damals sehr mit spirituellen geistigen Techniken beschäftigt, und ich versuchte, diesem kleinen Wesen meinen Willen nahezubringen, indem ich mir vorstellte, was es bitte tun soll. Wollte ich, daß es auf meinen Schoß kommt, habe ich mir das vorgestellt und eine Art geistigen Befehl ausgesandt, natürlich immer mit dem Zusatz: „Wenn es auch dein Wille ist."

Ich gebe zu, es war eigentlich nie der Wille meines Kaninchens, und ich habe sehr an meiner geistigen Kraft gezweifelt. Was war ich denn für ein spirituelles Wesen, daß ich es nicht einmal schaffte, einem Kaninchen zu zeigen, was es machen sollte, geschweige denn, es dazu zu bringen, daß es das tat?

›Ich bin eine ziemliche Versagerin unter den Esoterikern‹, dachte ich, konnten sich andere doch die tollsten Dinge herbeidenken. Das las ich jedenfalls immer wieder. Ich war manchmal fast ein bißchen wütend auf mein zuckersüßes Kaninchen, weil es sich nicht geistig lenken ließ.

Ein paar Monate später lernte ich den Menschen kennen, mit dem ich nun schon seit vielen Jahren zusammenlebe, und ich nahm mir kaum noch

Zeit für Bianca. Schweren Herzens, aber auch irgendwie erleichtert, trennte ich mich von ihr: Ich gab sie den Züchtern zurück.

Es war eine gute Lösung, denn die Kinder dieser Familie verliebten sich sofort in Bianca. Ich wußte sie in liebevollen Händen. Aber dennoch kam ich mir natürlich nun (wieder mal) wie die totale Versagerin vor. Nicht nur, daß mein Kaninchen nicht machte, was ich wollte, ich war nicht einmal in der Lage, gut für es zu sorgen. Es zurückzugeben war damals das Liebevollste, was ich für es tun konnte.

Heute wäre das für mich keine Lösung mehr. Heute würde ich es fragen, wie wir am besten miteinander umgehen könnten, was es braucht. Wahrscheinlich (gerade höre ich es) hätte ich bloß ein zweites dazuzusetzen brauchen, und alle wären glücklich gewesen. Darauf wäre ich damals nie gekommen, weil ich nicht wußte, wie ich es hätte fragen können.

Abgesehen davon wäre es mir zu der Zeit allerdings ohnehin zuviel gewesen. Ich hätte nicht die Verantwortung für zwei Kaninchen übernehmen können. Das zeigt, daß ich wirklich ein ziemliches Problem hatte.

Liebste Bianca, du lebst schon lange nicht mehr, aber ich bitte dich hiermit um Vergebung. Heute höre ich euch zu, ich zwinge euch nicht mehr mit mehr oder weniger „sanfter" Gewalt meinen Willen auf, um zu beweisen, daß ich es kann. (Abgesehen davon, daß es nicht im Sinne der Schöpfung ist, kann ich es auch sowieso nicht. Zum Glück, das erspart mir den Umweg, es wieder lassen zu müssen.)

Schritt eins:

Die Technik der geistigen Bilder

Wenn du deinem Tier eine Information geben willst, aber auch wenn du möchtest, daß es etwas tut oder läßt (zum Beispiel, daß deine Katze nicht mehr in den Vorhang springt), dann male dir die Situation so genau wie möglich aus.

Wenn dein Tier etwas lassen soll, dann zeige ihm bitte nicht, was es macht, sondern immer, was du willst, daß es statt dessen tut. Male dir zum Beispiel aus, wie deine Katze am Vorhang vorbeigeht oder sich abwendet. Die Bilder sollten immer positiv sein, also bejahend. Zeige deinem Tier immer, wohin die Energie fließen soll, nicht, wo du sie nicht haben willst.

Und nun stelle dir eine Brücke aus Licht zu deinem Tier vor, wie ein Regenbogen, der euch verbindet – vielleicht von Scheitel zu Scheitel (dem Punkt des Kronen-Chakras*, wenn du weißt, was das ist), denn hier findet die geistige Kommunikation statt. Die Brücke kann golden sein, vielleicht ist sie auch weiß oder erscheint dir in einer anderen Farbe.

Wenn du das noch nie gemacht hast, dann tu einfach so, als gäbe es diese Brücke. Wenn dir das immer noch zu abstrakt vorkommt, dann stelle dir eine Verbindung zwischen euren Herzen vor. Das sollte leicht sein, denn du liebst ja dein Tier. Also darfst du dir vorstellen,

---

*Chakra: feinstoffliches Energiezentrum

wie diese Liebe zu ihm strömt, wie ein Band oder ein Strahl aus Licht. Kannst du das? Bestimmt!

Wenn du zu Beginn kein klares Bild hast, macht das nichts, du übst ja gerade. Vielleicht ist es auch eher ein Gefühl als ein Bild – jeder nimmt geistige Energien auf andere Weise wahr. Werde innerlich so still, wie dir das möglich ist, und halte diese Verbindung für ein paar Sekunden.

Wenn du diese Verbindung so gut, wie dir das heute möglich ist, hergestellt hast, dann schicke das Bild, die Situation, zu deinem Tier. Nutze die Lichtbrücke oder den Herzensstrahl wie eine Satellitenverbindung. Es kann sein, daß dich dein Tier verwundert anschaut, vielleicht geht es auch weg oder reagiert gar nicht. Sei sicher, daß deine Nachricht dennoch ankommt. Auch für deine/n Süße/n ist es neu, daß du so mit ihr oder ihm redest.

Wenn du keinen Machtkampf inszenierst (den man übrigens überraschend oft verliert, weil Tiere nicht an ihren Motiven zweifeln und deshalb einen viel klareren Willen haben als wir), kannst du die Technik des inneren Bildes immer anwenden, wenn du deinem Tier etwas sagen willst: Wenn du in den Urlaub fährst, wenn du dir ein zweites Tier dazunehmen willst, wenn du Besuch bekommst – einfach immer, wenn du ihm etwas mitteilen möchtest, kannst du es ihm als Bild in sein Energiesystem schicken. Und sei es auch nur, daß es bei dir sicher und geschützt ist.

Deine Nachricht kommt an, egal, auf welche Weise. Rede mit deinem Tier, schicke ihm Informationen. Du kannst sie ihm gleichzeitig

mit sanfter Stimme mitteilen, aber verstehen wird dein Tier das geistige Bild, das du in dir trägst, weniger deine Sprache, zumindest nehme ich es so wahr.

Auch wenn du diese Technik nicht bewußt anwendest, liest dein Tier dein Energiesystem, erkennt deine Absicht und das, was dahintersteckt. Natürlich können Tiere nicht jedes komplizierte menschliche Motiv erkennen, weil vieles, was uns bewegt, gar nicht in ihrem Speicher abrufbereit ist. Aber sie nehmen die Haltung wahr, in der sich ein Mensch ihnen nähert.

Deshalb spüren Tiere auch, wenn es uns schlechtgeht, sie „scannen" quasi unsere Aura. Auf diese Weise findet die normale Kommunikation zwischen Tieren statt, und wenn wir genau hinschauen, dann tun auch wir nichts anders. Wenn wir ein bißchen Übung haben, unsere Wahrnehmungen mitbekommen und ihnen trauen, spüren wir den emotionalen Zustand des anderen, ebenso wie den geistigen und den körperlichen. Geistige Verständigung ist also wahrlich keine Zauberei, wir schöpfen damit einfach nur alle Möglichkeiten der Kommunikation aus.

Vielleicht magst du das gleich mal ausprobieren? Das ist wie immer „learning by doing" (etwas lernen, indem man es tut). Übe es einfach immer wieder. Und mach dir keine Gedanken: Am Anfang kann es noch gar nicht richtig klappen. Erinnere dich immer wieder an das Kind, das du warst: Wenn du nicht bereit gewesen wärst, lange,

lange zu üben, dann würdest du heute noch nicht laufen oder lesen können. Du kannst es, du hast also die Ausdauer, denn du liest das ja gerade, oder?

Nouri*

oder

Die Kraft der Liebe

*Leider konnte ich von Nouri keine Bilder mehr finden. So findest du hier stellvertretend Fotos von Pauli und Bruno, Katerkindern aus Cleos erstem Wurf, die bei anderen lieben Menschen ein Zuhause gefunden haben und dort sehr geliebt werden.

Schon damals, als Bianca in mein Leben kam, hätte ich eigentlich statt eines schwarzen Kaninchens lieber eine schwarze Katze gehabt. Aber eine Katze erschien mir damals eine viel zu große Verantwortung. Eine Katze ist viel zu präsent, sie läßt sich nicht wie ein Kaninchen in den Käfig sperren und bei Bedarf einfach ignorieren. Ich hatte wirklich eine riesige Angst, nicht gut genug zu sein, keine gute Gefährtin, keine gute Mutter und „Dosenöffnerin".

Im Laufe der Zeit, als ich erwachsener und entspannter wurde, als ich die innere Bereitschaft entwickelte, Verantwortung zu tragen, tauchte der ursprüngliche Wunsch, eine Katze um mich zu haben, wieder auf.

Es ist die innere Mutter, der Teil in uns, der auf uns selbst aufpaßt, dafür sorgt, daß wir gut mit uns umgehen, der hier gefragt ist. Weil ich eine sehr unentwickelte innere Mutter hatte und nicht auf mich selbst aufpassen konnte, war ich meiner Ansicht nach nicht in der Lage, für ein anderes Lebewesen dazusein – jedenfalls nicht in körperlicher Hinsicht.

Über ihre Probleme hätte meine Katze jederzeit mit mir sprechen können, aber das Füttern, das Pflegen, das Dasein, wenn sie krank wird oder gar stirbt, das traute ich mir nicht zu.

Mein inneres Kind wollte zwar wie verrückt eine Katze oder eben das Kaninchen, aber meine innere Mutter wäre nicht in der Lage gewesen, sich tatsächlich in aller Liebe um das Tier zu kümmern, und das auch noch über viele Jahre hin-

weg. Ich hielt mich für viel zu sprunghaft und oberflächlich, als daß ich mich für diese lange Zeit an ein Lebewesen binden wollte.

Es war Nouri, die den Bann brach.

Eine Freundin, die jede Menge hübscher Katzen hielt (und die ich häufig besuchte), hatte einen Wurf sehr süßer Katzenbabys. In eines verliebte sie sich so sehr, daß sie entschied, es zu behalten. Sie war überglücklich mit ihrer kleinen Katze, bis sie eines Tages den Bescheid bekam, daß Nouri krank war: Sie hatte FIP, das ist eine bis jetzt meistens tödlich verlaufende, für Katzen hochgradig ansteckende Bauchfellentzündung. Zu diesem Zeitpunkt glaubte ich nicht an tödlich verlaufende Krankheiten, sondern an die Heilkraft der Liebe und an Heilpraktiker (was ich immer noch tue, aber auf anderen Ebenen). Meine Freundin hätte ihre Katze, der es zu diesem Zeitpunkt noch sehr gutging, auf der Stelle einschläfern lassen müssen, denn sie war für all ihre anderen Katzen eine große Gefahr.

Es war für mich und den Menschen, mit dem ich zusammenlebe, selbstverständlich, daß wir Nouri bei uns aufnahmen. Sie sollte so lange bei uns bleiben, bis sie entweder so krank wurde, daß sie eingeschläfert werden mußte, oder bis sie durch Zauberhand genas. Wir wollten unserer Freundin einen Ort bieten, an dem sie sich mit ihrer geliebten Katze treffen konnte, ohne daß sie Gefahr lief, ihre anderen Katzen anzustecken. Außerdem wollten wir alles versuchen, doch noch Heilmethoden zu finden.

Die Verantwortung für Nouri trug derweil unsere Freundin. Sie kam

jeden Tag nach der Arbeit, fütterte Nouri, kümmerte sich um sie, war einfach da. Wir boten den Raum, aber es war ihre Katze, und wir hatten wenig mit ihrer Pflege zu tun.

Ich hielt mich emotional ziemlich raus, glaubte ich. Nouri war eine unglaublich hübsche, süße Katze, aber sie war erstens nicht meine, und zweitens war sie so krank, daß ich innerlich verzweifelte. Ich war eher für meine Freundin da als für Nouri. Ich konnte nicht glauben und wollte nicht wahrhaben, daß Liebe nicht reicht, daß Nouri immer kränker wurde, obwohl wir alles für sie taten. Ich schickte ihr jeden Tag Licht, legte meine Hände auf sie, gab ihr Kraft. Meine Freundin brachte ihr nur das beste Futter, war immer da. Wir kontaktierten Heilpraktiker und durchforsteten das Internet.

Bevor meine Freundin wieder nach Hause fuhr, duschte sie und zog sich andere Kleidung an. Wir taten wirklich alles, was uns einfiel, um Nouri durchzubringen, ohne die anderen zu gefährden. Manchmal schliefen wir die ganze Nacht bei Nouri. Wir lernten, uns geistig mit ihr zu verbinden, indem wir unsere Hände auf sie legten und ihr Licht schickten.

Aber wie groß war unsere Verzweiflung, als meine Freundin irgendwann dennoch die Entscheidung treffen mußte, Nouri einschläfern zu lassen. Alles andere wäre selbstsüchtige Tierquälerei gewesen.

Eines Tages kam ich von der Arbeit und wußte nicht, ob unsere Freundin diesen unendlich schweren Gang nun schon hinter sich hatte oder nicht. (Ich brauchte sie nicht zu begleiten, das tat ihr Freund,

er bot ihr den Halt, den sie benötigte, und es war nun mal ihre Katze.) Nun, sie hatte ihn hinter sich.

Ich kam in die Wohnung, und alle saßen da und weinten. Ich konnte es nicht fassen, auch wenn das jetzt völlig naiv klingt. Ich konnte nicht glauben, daß das, was wir getan hatten, nicht genug gewesen war. Ich konnte das Phänomen „Tod" nicht akzeptieren. Ich konnte nicht fassen, wie weh mir ihr körperlicher Tod tat. Ich will hier nicht von meiner Freundin reden, sie traf es na-

türlich am allerhärtesten. Sie war lange Zeit untröstlich, doch sie fand ihren Weg, einen guten Kontakt mit Nouri zu halten, sich würdig und gut zu verabschieden.

Ich konnte nicht glauben, wie sehr ich an der körperlichen Form hing. Ich vermißte Nouris Fell, ihre Öhrchen, ihr Schnurren. Gerade weil ich mich so lange schon mit geistigen Techniken beschäftigt hatte, dachte ich, ich wäre vor diesem Schmerz des Verlustes geschützt – weil ich ja weiß, es ist kein richtiger Verlust, auf anderen Ebenen können wir uns ja leicht treffen. Was für ein Quatsch!

Ich schrie, ich weinte, ich spürte, wie sehr ich versuchte, nicht wirklich auf der Erde zu sein, um genau diesen Schmerz nicht mehr zu haben. Es war, als hätte ich alles probiert, um ja nicht wirklich zu lieben, um ja im geistigen Bereich zu bleiben, mich ja nicht auf die körperliche Form der Liebe zu meinen Tieren einzulassen. Im geisti-

gen Bereich war ich sicher, hier konnte mir nichts passieren, hier gab es keinen Verlust.

Diese Katze hat meine Liebe auf die Erde geholt, völlig gegen meinen bewußten Willen. Ich habe eine lange Zeit geweint und immer wieder gesagt: „Jetzt hab ich es doch gemacht, jetzt habe ich mich doch an die Form gehängt." Dadurch wurde mir erst klar, wie sehr ich das zu vermeiden versucht hatte.

Das ist der Schmerz der inneren Mutter, die weiß, wie es ist, ihr Baby zu verlieren, der Schmerz, den wir alle in uns tragen. Wir alle wissen, wie es ist, über alles geliebte Wesen zu verlieren, es ist in uns programmiert. Wir tragen diese Erfahrung in unseren Zellen. Kein Wunder, daß wir versuchen, nicht richtig hier zu sein. Doch Tiere holen dich auf die Erde, ob du das willst oder nicht.

Ich konnte ihr weiches Fell nicht mehr streicheln, ihre Öhrchen nicht mehr fühlen. Und all die Trauer empfand ich, obwohl ich wirklich versucht hatte, mich rauszuhalten. Auch wenn Nouri nur kurz bei uns war, hat sie den Kanal in mir geöffnet, und ich war danach nicht mehr die gleiche. Ich wußte nun, wie es ist, ein Tier zu lieben, es zu begleiten und für es dazusein. Und ich wußte, ich kann es.

Und noch etwas begann ich zu fühlen: Ich spürte, ich brauchte eine Katze. Nicht ›ich hätte gern eine‹ oder ›ich möchte gern für ein Tier sorgen‹. Nein, etwas in mir braucht wirklich und wahrhaftig eine Katze, damit der Kanal für die Liebe offen bleiben kann. Ich bin ein anderer Mensch, wenn ich eine Katze habe, ich bin weicher, liebevoller, mitfühlender und geduldiger. Katzen bringen das Beste in mir

zum Vorschein, ohne eine Katze bin ich nicht vollständig.

Als Nouri aus meinem Leben verschwand, wurde es sehr leer. Der Kanal war zwar geöffnet, doch die Liebe strömte ins Leere. Die Liebe zu Tieren, vielleicht auch die zu Kindern, ist etwas völlig anderes als die Liebe zu einem Partner.

Nach Nouris Abschied wurde ich äußerst unzufrieden, ich konnte nicht mehr ohne eine Katze leben. Aber noch war es nicht soweit, denn meine Seelenschwester, mit der ich zusammenlebe, hatte riesige Angst und Bedenken. Sie war nicht bereit, sich auf ein Tier einzulassen, denn sie wollte nie wieder diesen Schmerz des Verlustes spüren. Von ihr kam ein klares Nein, und meine Angst, mich gegen sie aufzulehnen, war noch größer als die Leere, keine Katze zu haben.

Mein inneres Kind wollte eine Katze, aber auf keinen Fall wollte es Maria – so heißt meine Gefährtin – verlieren. Ich fand nicht die innere Kraft, zu kämpfen oder auch nur zu mir zu stehen. So unterdrückte ich meinen Wunsch nach einer Katze und besuchte sehr oft Freunde, die welche hielten. Es ist erstaunlich und erschreckend, wie gut ich in der Lage war, Herzenswünsche zu unterdrücken, oder sollte ich besser sagen: wie sehr sich meine sich scheinbar widerstrebenden Herzenswünsche gegenseitig in Schach hielten.

Ich konnte das, ich aß einfach (noch) ein bißchen mehr. Aber der

Kanal war offen, und die hindurchfließende Energie begann, mein Inneres unmerklich umzukrempeln.

Liebste Nouri,

ich habe nicht zulassen können, daß ich dich wirklich liebte, es hätte mich zerrissen. Gerade deshalb warst du es, die den Weg bereitet hat. Was immer deine Aufgabe im Leben meiner Freundin war, in meinem Leben hast du den Weg für die Liebe bereitet. Ich danke dir mehr, als ich es dir je gesagt und als ich es je gespürt habe. Ohne dich hätte ich nicht wahrgenommen, wie sehr ich mich verkapselt hatte, wie sehr ich den Strom meiner Liebe kontrolliert habe, um ja nicht (wieder) mit Verlust umgehen zu müssen.

Schritt zwei:

Die Technik des Handauflegens und des geistigen Heilens

Du brauchst keine großartige Reiki*-Ausbildung zu haben, um deine Hände auf den Körper deines Tieres zu legen. Handauflegen ist eine vollkommen natürliche Geste, wir tun das bei uns selbst, beispielsweise wenn wir Bauchweh haben, und bei unseren Kindern, wenn sie sich verletzt haben. Wir berühren unseren Körper an der Stelle, an der es schmerzt, und bringen so unser Aurafeld wieder in Ordnung.

Um es physikalisch auszudrücken: Wir legen unsere Hände mit einer normalen, gesunden körperlichen Schwingung auf die Stelle, an der die Schwingungen gestört sind, sich also verändert haben. Das Feld pendelt sich durch die Schwingungen der Hände wieder ein, und damit kann der Körper, der immer dem Energiefeld seiner feinstofflichen Ebenen folgt, heilen. (Das geschieht allerdings nur dann, wenn es nicht ein tieferes Bedürfnis nach dieser Krankheit gibt, eine Entscheidung, die auf Seelenebene getroffen wurde. Wir können nie „zwangsheilen".)

Nun geht es darum, das ein bißchen bewußter zu tun. Ich konnte Nouri nicht retten, Handauflegen ist kein Wunderheilmittel. Wenn eine Seele sich entschieden hat zu gehen, warum auch immer, dann ist das so, und wir können es nur akzeptieren.

Oft trauen wir uns nicht, unsere von der Natur gegebenen Heilme-

---

*Reiki: Energieübertragung

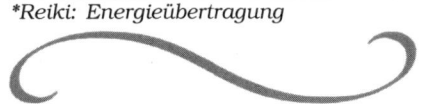

29

thoden anzuwenden. Wir haben Angst, damit zu versagen – und dann waren wir es, die den Tod verursacht haben. Aber das stimmt nicht. Jede Energie, die du deinem Tier gibst, fließt in sein Energiefeld und berührt seine Seele. Wenn es dennoch stirbt, so hast du trotzdem seine Seele berührt und ihm damit vielleicht genau die Liebe gegeben, die es für seine seelische Entwicklung brauchte. So trau dich, und lege einfach deine Hände auf dein Tier. Am besten geht das, wenn es schläft oder träge im Korb liegt. Schließe die Augen, und stelle dir vor, wie zwischen deinen Händen Licht hin- und herfließt. Entweder kommt dir eine Farbe in den Sinn, oder du stellst es dir in Gold vor. Wenn du magst, dann kannst du den Schutzengel deines Tieres bitten, durch dich hindurch die Kraft fließen zu lassen, die es jetzt braucht. (Ja, natürlich hat dein Tier einen Schutzengel, wie du auch. Wenn du das noch nicht wußtest, dann bitte ihn jetzt, sich dir auf eine Weise zu zeigen, die du spüren, sehen oder hören kannst. Erlaube dir, zu glauben, was du wahrnimmst.)

Und dann lasse los, lasse deinen Schmerz zu. Heile es nicht, um den Verlust nicht zu spüren. Sonst tust du es für dich, und du bist abhängig vom Ergebnis. Damit unterbindest du den wirklich freien Strom von Liebe (einfach, weil du zu zweifeln beginnst: Ist das genug? Heilt das auch wirklich? usw.). Segne dein Tier, indem du dir den Segen als Licht vorstellst. Natürlich kannst du auch sagen: „Ich segne dich." Auch die Worte sind Energie, die ankommen.

Sende deinem Tier ein Bild, in dem es glücklich und zufrieden auf deinem Schoß liegt, frißt oder etwas anderes tut, was Gesundheit ausdrückt. Aber, und das ist die Schwierigkeit dabei: Lasse es dennoch los. Spüre deine Angst, es zu verlieren, aber lasse ihm die Wahl, ob es mit deiner Energie gesund werden will oder nicht. Sei sicher, bitte, sei ganz sicher, daß es auf einer anderen Ebene heiler wird, wenn du ihm Liebe schickst. Das geht gar nicht anders.

Natürlich kannst du das auch und gerade dann tun, wenn dein Tier vor Gesundheit nur so strotzt. Wenn du deine Hände sanft auflegst, kannst du ihm jede Energie schicken, die du möchtest, einfach, indem du es dir vorstellst. Hast du das erst ein paarmal geübt, dann spürst du vielleicht tatsächlich, wie es unter deinen Händen warm wird, zu kribbeln beginnt, oder gar, wie sich deine Wahrnehmung schon ein bißchen auszudehnen beginnt. Manchmal wird es dem Tier dann zuviel, und es geht, aber sei sicher, es wird dieses Energiefeld schätzen lernen. Das Handauflegen ist der zweite Schritt zu einer guten Kommunikation zwischen euch, denn du beginnst, dich auf die Ströme deines Tieres einzulassen.

Wenn du gar nichts spürst, dann lege die Hände auf den Rücken oder den Bauch deines Tieres, und atme einfach ein bißchen mit ihm. Wahrscheinlich atmet es schneller als du. Aber wenn du dich ein paar Minuten auf seinen Rhythmus einläßt, mit ihm atmest und in Gedanken bei ihm bist, dann bekommst du einen Geschmack von der Verbindung, die zwischen euch möglich ist.

Wenn du möchtest und das für möglich hältst, lege nun die Hände

auf, sende Licht hinein und tritt dann innerlich beiseite. So bekommst du Informationen von den geistigen Ebenen des Tieres. Wie das geht, erfährst du im nächsten Schritt.

Dana

oder

Bitte sprich mit mir!

Irgendwann im Laufe meines Lebens besuchte ich eine Selbsthilfe-gruppe für Eßsüchtige. Ich wurde abstinent vom zwanghaften Essen, ich wurde dünner – und ich spürte meine Gefühle, weil ich sie nicht mehr mit Essen wegdrücken konnte. Jetzt ließ sich mein Bedürfnis nach einer Katze nicht mehr kontrollieren.

Die Spannung in mir wuchs und wuchs, und ich weinte oft. Und weil meine Beziehungen immer so funktionieren, daß ich letztlich für Wachstum, Wahrhaftigkeit und Liebe eintrete, egal was es kostet, mußte ich Maria irgendwann damit konfrontieren. Ich zeigte ihr mein Bedürfnis, zeigte ihr meine Trauer und auch meine Wut über ihr Nein. Je deutlicher ich es ihr zeigte und dazu stand, um so klarer wurde mein Entschluß. Ich war nicht mehr bereit, meiner Beziehung zuliebe mein Bedürfnis nach einer Katze zu opfern.

Das hört sich vielleicht ein bißchen merkwürdig an, aber wenn du weißt, wie es sich anfühlt, wenn du ein Tier wirklich brauchst, dann weißt du, daß du nicht auf das Tier verzichten kannst. Das ist wie mit dem Wunsch nach Kindern: Wenn er in dir lebt, dann mußt du ihm folgen – anders geht es nicht, wenn du nicht ernsthaft unglücklich werden willst.

Ich wußte, irgendwann würde ich selbst meine Seelenschwester verlassen, wenn ich jetzt nicht zu mir stand. Für eine Beziehung darf man keinen Preis bezahlen müssen, das frißt die Liebe. Ich erwarte von meinen Beziehungen, daß sie wie Yoga-Übungen sind: Wenn et-was Neues Raum braucht, dann muß sie sich ausdehnen und wach-sen. Sonst wird sie zu eng, und die Liebe kann nicht mehr fließen. Ich

bin bereit, das zu geben, und ich nehme es auch für mich in Anspruch.

Ich stellte mich also vor sie, zitterte vor Angst, daß wir uns nun trennen müßten, und sagte: „Ich kann nicht mehr ohne Katze leben. Ich riskiere, ohne dich zu leben, wenn du weiterhin nein sagst. Das hört sich vielleicht an wie Erpressung, aber das ist es nicht, es ist schlicht meine Wahrheit. Mein Verzicht auf eine Katze ist als Preis für unsere Beziehung zu hoch, und ich bin nicht bereit, mit einem Menschen zu leben, der sich seinen Ängsten auf Dauer nicht stellt."

Wenn ich ein Nein bekomme, weil der andere Angst hat, ist das für mich kein ausreichender Grund, nicht auf lange Sicht. Ich bin immer für Liebe und Lebendigkeit, Angst ist einfach kein Argument. Auch meine eigenen Ängste lasse ich nie lange gelten. Ich spüre sie, nehme sie wahr, ich arbeite auch damit, aber meine Angst darf weder mein noch das Handeln meines Partners bestimmen.

Es ist immer eine Frage, wem du dienst, der Liebe oder der Angst. Wenn mein Partner sich entscheidet, der Angst zu dienen, ist das seine Sache, nicht meine. Ich kann nicht auf Dauer darunter leiden, daß Maria Angst hat, Schmerz erleben zu müssen. Alles andere wäre reine Coabhängigkeit: Du lebst einige Bereiche deines Lebens nicht, weil der andere das nicht aushält.

Die meisten Beziehungen laufen genauso, nun, meine nicht. Unsere besondere Beziehung würde gar nicht funktionieren, wenn wir nicht in vielen Bereichen unseres gemeinsamen Lebens Offenheit und Loslassen gelernt hätten. Auf eines konnten wir uns dabei immer verlassen:

Wenn man sich wirklich und wahrhaftig öffnet, dann gibt es immer eine gute gemeinsame Lösung. Es geht ja nicht darum, den eigenen Willen durchzusetzen. Es braucht aber diese Bereitschaft, diese Offenheit, alle Karten auf den Tisch zu legen, alle Bedürfnisse zu zeigen – in der Hoffnung und in dem Vertrauen, daß das Leben und die Liebe einen Weg finden, der für alle Beteiligten stimmig ist.

Warum ich dir das erzähle? Damit du siehst, wie wichtig meine erste eigene Katze für mich war. Sie ist mir nicht einfach zugelaufen oder „passiert" – ich habe mich klar und deutlich für sie entschieden und sogar meine Beziehung dafür aufs Spiel gesetzt. Wenn du das nicht nachvollziehen kannst, verstehst du die Dringlichkeit nicht, mit der ich eine Katze brauchte. Und du verstehst dann auch den Weg nicht, auf dem ich den Kontakt zu ihr herstellte.

Außerdem weiß ich, daß mein tiefes Bedürfnis nach einer Katze dazu führte, daß ich lernen mußte, für mich selbst einzutreten. Das bringt wieder die innere Mutter ins Spiel – dieser Seelenanteil, den ich brauche, um auch für meine Tiere dazusein. Ist das nicht ein spannender Kreislauf?

Nun, meine geliebte Seelenschwester schwieg eine Weile, dann fragte sie leise, wie ich mir das denn vorstelle? Ob ich bereit sei, die volle Verantwortung zunächst allein zu tragen? Natürlich war ich bereit. Ich war es ja, die diese Katze wollte, nicht sie.

Der Weg, den Dana zu mir fand, stand von nun an unter einer wohlwollenden Führung und war so leicht, daß ich sofort wußte: Das ist meine Katze! Sie war ein schwarzes, wunderschönes Maine-Coon-Baby, langhaarig und unglaublich süß. Endlich, endlich füllte sich diese Lücke in meinem Leben, und ich war überglücklich.

Wir spielten, wir kuschelten, und ich lernte aus verschiedenen Büchern, was sie meint, wenn ihre Ohren nach hinten oder nach vorn stehen; ich versuchte, ihre Sprache zu verstehen. Doch sehr rasch genügte mir das nicht mehr. Ich wollte eine tiefere Bindung mit ihr, nicht diese oberflächliche Körpersprache, die sich auf „Schön, daß du da bist" und „Ich will Sheba" beschränkte.

Eines Tages legte ich meine Hände auf sie, wie ich es so oft tat, um ihr Kraft oder Vertrauen oder Liebe zu geben. Ich wurde innerlich ganz still, und auf einmal kam mir der Gedanke, ich könnte doch mit ihr reden, wie ich das mit meinem Schutzengel und mit höheren geistigen Wesen auch mache. Damals hatte ich noch nie etwas über Kommunikation mit Tieren gelesen. Doch ich mußte es einfach ausprobieren – so dringend war mein Wunsch, sie zu verstehen.

Ich glaubte allerdings nicht wirklich, daß ich etwas würde „hören" können: Letztlich war es ja doch einfach eine Katze, und es war mein Wunsch, mit ihr in einen tieferen Kontakt zu kommen, mein Bedürfnis

– nicht ihres. Ich hatte mich vollkommen geirrt: In dem Moment, in dem ich mich öffnete, strömte eine Unmenge Bilder in mich ein.

Ich hatte mich schon lange mit Themen wie Reinkarnation und Leben in anderen Dimensionen beschäftigt, deshalb überraschte mich kaum, was ich wahrnahm:

Dana war schon in vielen früheren Leben meine „Hexenkatze" gewesen. Sie hatte viele magische Rituale erlebt, als schwarze Katze war sie verbrannt worden, teilte also das Schicksal vieler Frauen (und einiger Männer) und vieler Katzen. Sie sagte, sie genieße es sehr, nun bei mir zur Ruhe zu kommen, das sei ihre letzte Inkarnation, sie wolle sich ausruhen und nur noch liebevolle, weiße Rituale erleben (ich führe auch nur solche durch). Ich erfuhr, daß es sehr heilsam für sie sei, in Frieden bei mir zu sein, nichts zu tun, keine unterstützende Rolle bei Ritualen spielen zu müssen, sondern einfach in der Energie von Frieden und Liebe leben zu dürfen. Sie erzählte weiter, sie sei sehr interessiert an dem, was ich tue (sie legte sich bei Meditationen immer ganz dicht zu mir), und ich heilte sie auf tiefer Ebene, wenn ich ihr einfach Frieden und Liebe schickte und böte. Das sei ihre Entspannungsinkarnation, sagte sie, sie sei glücklich, einfach eine Katze sein zu dürfen, ohne „magische" Aufgaben, aber dennoch in bewußter und kraftvoller Energie. Sie sei dankbar, daß ich diesen Kontakt zu ihr hergestellt habe. Und ob sie bitte allein bleiben dürfe, sie brauche diesen freien Raum, in dem sie nicht um ihren Platz kämpfen müsse.

Uff. Meine Katze. Glaubst du das, was ich gerade geschrieben habe? Ich glaubte es nur deshalb, weil ich schon sehr lange auf diesem Weg bin und gelernt habe, die Dinge, die ich innerlich höre, für richtig zu halten. (Wenn ich mich irre, nun, dann schadet das niemandem, oder?)

Eine seltsame, wundervolle Zeit begann. Natürlich war Dana eine normale Katze, sie brauchte Bewegung, Auslauf, und ich konnte es nicht gut verantworten, sie nur in der Wohnung zu halten, zumal sie ja allein war. Sie begann, im Treppenhaus herumzuturnen. Irgendwann ließ ich sie durch die Wohnung eines befreundeten Pärchens, Tanja und Christoph, die zwei Katzen haben und im selben Hause wohnten, in deren Garten.

Zunächst begleitete Dana uns, wenn wir die beiden besuchten; wir nahmen sie aber immer wieder mit zurück nach oben. Schließlich ließen wir die Wohnungstür ein bißchen offen, damit die Dame kommen und gehen konnte, wie es ihr paßte. Sie kratzte gern an der Tür zu Tanjas und Christophs Wohnung, besuchte sie und deren Katzen, spazierte im Garten umher und rannte dann laut maunzend durch das Treppenhaus: „Ich komme jetzt heim. Wo ist mein Sheba?"

Sie mischte das ganze Haus auf. Von Nachbarn, die gern eine Katze gehabt hätten, sich aber nicht entschließen konnten, eine zu halten,

erfuhr ich zum Beispiel, daß sie bei ihnen an der Tür kratzte, bis sie öffneten, und durch die Wohnung in deren Garten ging; außerdem, daß sie bei ihnen auf dem Sofa schlief und früher oder später wieder verschwand. Ich freute mich sehr darüber und war stolz auf Dana. So konnte sie ein bißchen ihrer liebevollen, zarten Energie auch an andere weitergeben.

Immer, wenn ich etwas wissen wollte, legte ich meine Hände auf sie und fragte einfach. So schlug ich mich mit der Frage herum, ob ich es verantworten könne, sie sterilisieren zu lassen, als sie soweit war (eine Alternative wäre die Pille gewesen, aber auf die Dauer ist das auch nicht so gesund). Der Eingriff erschien mir so ungeheuerlich und

dramatisch zu sein – nicht auf körperlicher Ebene, sondern auf der Ebene der Lebendigkeit: Ich beraubte sie ihrer Zeugungsfähigkeit! Ich wußte einfach nicht, ob ich die Erlaubnis hätte, das zu entscheiden.

Danas Antwort war sehr einfach: „Ich brauche in diesem Leben meine Ruhe. Ich kann und ich will keine Babys haben. Außerdem seid ihr noch nicht soweit – also mach's ruhig." Eine mir bekannte Astrologin mit einer guten Verbindung zu sehr hohen Energien sagte mir, daß Danas Unterleib ein bißchen geschwächt sei und das Kastrieren ihr Stabilität gebe. Nun gut. Ich ließ sie also kastrieren, gab ihr hinterher Notfalltropfen und Aura-Soma-Schocköl.

Meine Beziehung zu Dana entwickelte sich, und wir

wurden immer geübter darin, geistig miteinander zu kommunizieren. Einmal fragte ich sie, ob sie denn traurig sei, daß ich nicht so viel mit ihr spiele, wie sie das wolle (so viel konnte man gar nicht mit ihr spielen!). Ihre Antwort war so unglaublich, daß ich sicher war, sie mir nicht ausgedacht zu haben. Voller Liebe und Großmut sagte sie, ich solle mir nicht so viele Gedanken machen, sie sei nun mal eine Katze und ich ein Mensch. Wir hätten eben unterschiedliche Bedürfnisse, und ums Spielen ginge es ja gar nicht in unserer Beziehung. Ich solle nicht andauernd ein schlechtes Gewissen haben. Sie kuschele ja auch nicht so viel mit mir, wie ich das gern hätte, das sei das gleiche. Ich konnte es nicht fassen, wie gelassen sie das sah.

Einmal hatte ich sehr viel an einem Buch gearbeitet und war völlig verspannt. Außerdem war gerade eine Beziehung mit einem Mann zu Ende gegangen, und ich fühlte mich wirklich schlecht. Ich wanderte zu Dana ins Schlafzimmer, wo sie auf ihrem Stuhl lag, und bat sie, mir eine Übung zu zeigen, mir Kraft zu geben, einfach irgendwas für mich zu tun – wenn sie Lust dazu hätte.

Dana öffnete ihre wunderschönen Augen, schaute mich an, gähnte und zeigte mir eine Yoga-Übung: Sie streckte sich ganz lang aus, schob die Vorderpfoten weit nach vorn und hob ihren Hintern in die Luft – diese Dehnung, die Katzen immer machen. Klar, Dana dehnte sich täglich zwanzigmal so, aber in diesem Moment war es genau das, was ich brauchte. Ich dankte ihr und dehnte mich ein bißchen auf ihre Weise – und tatsächlich, es ging mir sehr viel besser. Von allein wäre ich nicht darauf gekommen, eine Körperübung zu machen.

Im Gegenteil, ich dachte, sie würde mir irgendeine tröstliche, sehr weise Wahrheit vermitteln (auch das hätte geschehen können). Aber nein, sie erinnerte mich an meinen Körper.

Es geht bei dieser Art von Kommunikation nicht darum, unglaubliche Dinge zu tun oder zu erleben, sondern darum, alle gegebenen Möglichkeiten auszuschöpfen. Dann fühlt sich das Ergebnis natürlich an. Diese Kommunikation ist so natürlich, daß Außenstehende nicht glauben können oder wollen, daß überhaupt ein Gespräch stattgefunden hat. Aber für mich war klar, es war Dana, die mir diese Übung zeigt und mich daran erinnert, meinen Körper zu dehnen. Es einfach selbst zu tun ist nun mal einer ihrer Wege, mit mir zu reden.

Sooft ich daran dachte, übte ich mit ihr diese Art des Gespräches. Mein Bedürfnis, ihr nahe zu sein, war die treibende Kraft, denn manchmal ist diese Art der Kommunikation mühsam, und man hört einfach gar nichts. Ich erlebte auch enttäuschende Momente: Manchmal ging Dana weg, wenn ich mit ihr sprechen wollte. Doch ein Tier hat nun mal ein eigenes Leben und will manchmal nicht reden. Genausooft habe ich Dana enttäuscht, wenn sie spielen oder mit mir in den Keller gehen wollte, um dort Spinnen zu fangen.

Das gehört alles dazu. Die Kunst ist, zu verstehen, daß ein Tier ein ganz eigenes Geschöpf ist, das völlig andere Bedürfnisse hat als wir, daß wir uns aber auf der geistigen Ebene sehr nah sein können. Trotzdem frißt eine Katze Mäuse, prügelt sich mit anderen Katzen, will sich manchmal nicht streicheln lassen und kommt ganz sicher nicht immer, wenn man sie ruft.

Danas letzte Inkarnation dauerte zwei Jahre. Aus heiterem Himmel – wir hatten eine Party, und Dana war draußen – klingelte unsere Nachbarin bei uns. Ich dachte, es sei ein nächster Gast, ich hatte nichts, wirklich absolut gar nichts geahnt. Sie kam in das Zimmer und sagte: „Ich glaube, eure Dana liegt unten auf der Straße, und sie ist tot."

Der Schmerz und die Verzweiflung, die über mich hereinbrachen, waren nicht zu fassen. Maria und ich stürzten hinaus. Und da lag Dana auf der Straße, tot. Wir krümmten uns über ihr zusammen, konnten es nicht glauben. Wie ging denn das? Ich hatte doch diese Verbindung! Wie konnte das nur geschehen? Wieso hatte ich das nicht verhindern können? Ich wurde wütend. Wie bescheuert kann man eigentlich sein? Das Haus ist zu zwei Dritteln von Natur umgeben – sonst hätte ich Dana gar nicht rausgelassen –, und mein Baby läßt sich überfahren?

Doch in diesem Schockzustand spürte ich ihre Anwesenheit in meinem Herzen intensiver als je zuvor. Mein Herz wurde unglaublich warm, und ich hörte sie ganz deutlich. Das wirklich Verrückte waren diese zwei vollkommen unterschiedlichen Ebenen: Einerseits spürte ich sie klar wie nie in meinem Herzen und wurde andererseits fast ohnmächtig vor Schmerz über den Verlust.

Maria und ich schrien und weinten, aber in diesem Schreien geschah ein Wunder. Ich wußte auf einmal mit absoluter Deutlichkeit,

wozu das geschehen war: Das Leben stellte uns durch Dana vor die Frage, wie es weitergehen solle. Schlimmer als das konnte es für uns nicht werden, einen schärferen Schmerz hatten wir nie zuvor bewußt gemeinsam aushalten müssen. Es war, als frage uns das Leben in aller Klarheit: Was wollt ihr – Leben oder Tod? Verschließt ihr euch, oder darf es weitergehen?

Ich hatte zu dieser Zeit bereits einige Familienaufstellungen gemacht und wußte deshalb, wie wichtig und grundsätzlich diese Fragen sind. Wir saßen also weinend auf der Straße und sagten laut: „Dana, wir versprechen dir, das Leben geht gut weiter. Wir werden andere Katzen haben, und beim nächsten Mal werden es zwei sein." Wir schauten uns an und waren uns einig: Dieser Schock würde nicht dazu führen, daß wir das Leben aussperrten. Wir würden nicht zulassen, daß wir den Mut verlören. Wir würden uns wieder und wieder auf Katzen, auf Liebe und auf Lebendigkeit einlassen, immer und immer wieder. Das wirklich Wunderbare war, daß Maria diesen Weg mitgehen wollte.

Es ging tatsächlich gleich weiter. Am nächsten Tag rief ich die Züchter an, von denen wir Dana bekommen hatten. Sie hatten zwar keine Babys, aber eine zartgraue Maine-Coon, die sich mit einer der anderen Katzen nicht verstand und sich mehr und mehr zurückzog. Noch völlig im Schock fuhren wir hin und spürten sofort, Cleopatra würde gut zu uns passen. Sie sah zum Glück vollkommen anders aus als Dana, denn ich wollte auf keinen Fall meine geliebte Katze einfach

ersetzen. Aber ich konnte auch keinen Tag mehr ohne eine Katze sein.

Es war wie ein Wunder: Es stellte sich heraus, daß Cleopatra eine Halbschwester von Dana ist. Sie hat einen anderen Vater und kommt aus einem anderen Wurf, aber es war so ein Gefühl, als bliebe Danas Linie in unserem Haus, und so ist es ja auch. Außerdem war Cleopatra nicht sterilisiert worden, sie hatte schon einmal einen Wurf gehabt, und wir entschieden, sie auch bei uns Babys bekommen zu lassen.

Ich legte alles Geld, das ich in der Geldbörse hatte, auf den Tisch, und wir verabschiedeten uns zunächst noch einmal von unserer Katze: Am nächsten Tag hatte Maria eine größere Operation, und wir wollten Cleo erst in vier Wochen zu uns nehmen, dann war Weihnachten, und wir hatten Urlaub. (Nur am Rande: In diesen vier Wochen ohne Katze war ich so unausstehlich, daß es mittlerweile gar keine Frage mehr ist, ob ich Katzen habe oder nicht – ich bin einfach nicht zu ertragen, wenn ich keine habe.)

Als ich den nächsten Tag bei Maria im Aufwachraum verbrachte, trauerte ich um Dana und fragte immer wieder, warum es dazu gekommen war und ob es keine andere Möglichkeit gegeben hätte, uns diese Grundsatzfragen zu stellen. Da kam es zu meinem bis dato wichtigsten Gespräch mit einem Wesen von höheren Ebenen. Ich bekam Kontakt zu Bastet, der Göttin und Hüterin der Katzen.

Sie sagte, alle Katzen seien auf der Erde, um uns

Menschen das Herz zu öffnen (natürlich sind sie auch aus anderen Gründen auf der Erde, aber in bezug auf Menschen geht es um das Herz). Dana sei zu ihr zurückgekommen, weil sie sie gerufen habe. Dana habe nichts davon gewußt. Katzen seien nicht individuell genug, um solche Entscheidungen allein, von sich aus, zu treffen. So hatte ich nichts ahnen können, weil Dana es selbst nicht gewußt hatte. Außerdem hätte ich es mit Sicherheit zu verhindern versucht. Sie wäre nie freiwillig gegangen. Dennoch sei es richtig gewesen, sie habe auf einer höheren Ebene zugestimmt.

›Katzen sind wie Tropfen meiner Liebe‹, erklärte Bastet, ›ich schikke sie euch, und ich rufe sie zu mir zurück, wenn ich euch etwas lehren will.‹ Dana wäre gern geblieben, aber wir mußten durch diesen Schock hindurch. Bastet erzählte, es sei für Katzen (und ich nehme an, das gilt für viele Tiere) sehr viel leichter, zu sterben, als für uns Menschen, weil sie sowieso viel verbundener seien mit dem großen Ganzen und nicht so sehr an ihrer Form hingen. Dennoch verteidigten sie natürlich ihr irdisches Leben mit aller Kraft, aber sie gäben es leichter her, wenn es einem höheren Zweck diene. Jede Katze sei eines ihrer Werkzeuge, sagte Bastet, und ihre Energien seien Liebe, Leichtigkeit und unendliche Zartheit. Das also sei, was Katzen mit uns Menschen teilten. (Was sie mit Mäusen teilen, ist eine andere Sache und hat mit uns nichts zu tun …)

Danas Inkarnation sei zu Ende gegangen, berichtete Bastet weiter, weil wir das, was wir mit ihr hatten teilen wollen, geteilt hätten, und Dana wolle und würde nicht wieder auf die Erde kommen. Sie würde

uns von höheren Ebenen aus unterstützen und uns Kraft schicken, wir könnten den Kontakt zu ihr immer halten. Außerdem würde sie mich in Zukunft noch lehren (ich hatte das gehört, deshalb rede ich jetzt mal nur von mir), den Unterschied zwischen Himmel und Erde zu spüren, zwischen Körper und Geist. Ich solle unter allen Umständen den Schmerz über ihren Verlust zulassen, das erde mich tiefer als alle geistigen Übungen, es zeige mir die Kraft und die Energie des körperlichen Daseins.

Nun gut. Aber das war ein verdammt hoher Preis. Zu meiner Liebe zu Dana kam nun eine ungeheure Hochachtung vor ihr. Wie sehr liebte sie uns, daß sie uns diese Erfahrung ermöglichte!

Schritt drei:

Die Technik des Hörens

Wenn du nicht wirklich daran interessiert bist, deine Katze zu verstehen, dann wird diese Technik bei dir vielleicht nicht klappen. Es ist zwar einigermaßen leicht, einen Zugang zu einer Katze zu bekommen, weil Katzen keine bewußte Abwehr aufbauen, aber sie erlauben auf der anderen Seite eben auch nicht bewußt, daß man ihre Energien liest. Das heißt, daß sie manchmal einfach aufstehen und gehen. Wenn du dich dann abgelehnt fühlst, blockierst du dich beim nächsten Mal wahrscheinlich.

Das, was du erfährst, mag sich vielleicht so unwahrscheinlich (oder so normal) anhören, daß es leicht ist, es einfach als Einbildung abzutun. Aber wenn du entschlossen bist, dich auf dein Tier einzulassen, dann wird es bestimmt eine wundervolle Erfahrung.

Nun setze dich zu ihm, lege deine Hände auf den Kopf und den Rücken deines Tiers, und baue die Lichtbrücke zu ihm auf, die du schon kennst. Stelle ihm im Geist die Frage, ob es bereit ist, mit dir auf dieser Ebene zu kommunizieren. Du wirst spüren, ob ein Ja oder ein Nein kommt. Bitte traue dem, was du spürst. Es kann auch sein, daß du eine Art Fragezeichen bekommst – dein Tier ist es nicht gewöhnt, so mit dir zu reden. Wenn du es aber öfter probierst, wird es sich dir öffnen.

Das Schlimmste, was passieren kann, ist, daß du dich irrst. Wenn

du dir aber erst gar nicht vertraust, dann bist du nicht offen für die Antworten, und dann verstehst du sie nicht. Ganz bestimmt ist es nicht so spektakulär, wie du vielleicht glaubst, es ist eher wie ein plötzliches inneres Wissen.

Du könntest es zum Beispiel fragen, ob es sich bei dir wohl fühlt. Dann warte einfach mal ab, was geschieht. Bitte dein Tier um eine Antwort, die du verstehst – sei es ein körperliches Zeichen oder ein Gefühl, ein Bild oder ein Wort. Sei ganz offen für das, was du spürst, und lasse auch ein Nein zu. Dann frage, was du für dein Tier tun kannst, damit es sich noch wohler bei dir fühlt, und öffne dich weiter und weiter. Das größte Problem hierbei ist übrigens, daß wir meistens nicht hören oder wahrhaben wollen, was wir erfahren.

Die Arten, auf die du die Antworten wahrnimmst, können ganz unterschiedlich sein. Viele meiner Klienten sind völlig verunsichert und halten sich für Versager, weil sie „nichts sehen". Nun, ich „sehe" auch nichts. Ich höre, und ich weiß es einfach plötzlich, nur ganz selten zuckt eine Art Bild durch meinen Kopf. Es ist, als käme dir auf einmal ein Gedanke, aber so klar, daß es eher wie ein inneres Wissen ist. Die Kunst ist weniger, ihn wahrzunehmen, als ihn tatsächlich für eine Botschaft zu halten.

Heute habe ich zum Beispiel von Joey (du lernst ihn noch kennen) erfahren, daß er sich einsam fühlt und nicht weiß, was los ist. Jetzt, wo ich ihm zuhöre, merke ich, wie ihm zumute ist. Seine Schwester, die er sehr liebt, ist schwanger und sehr mit sich beschäftigt, außerdem haben wir einen neuen Kater, an den er sich erst mal gewöhnen

muß. Natürlich kann ich mir das auch mit meinem gesunden Menschenverstand klarmachen, es ist ja offensichtlich. Dennoch habe ich es nicht wahrgenommen, denn ich dachte, ich hätte mich genug um ihn gekümmert. Das habe ich auch, sagte er, aber ich habe es ihm nicht erklärt, und deshalb wußte er nicht, was überhaupt los ist. Mein Joey ist sehr emotional und kann mit Veränderungen nicht so gut umgehen, obwohl er sehr neugierig ist. Er ist leicht zu verunsichern. Ich hätte ihm Bilder schicken müssen, aber ich war zu beschäftigt, zu sicher, daß es genügt, wenn ich es ihm sage. Bei anderen Katzen mag das sein (Cleo hat es verstanden), aber nicht bei ihm. Jetzt habe ich ihm Bach-Blüten gegeben und es ihm erklärt, mal sehen, was er nun so macht ...

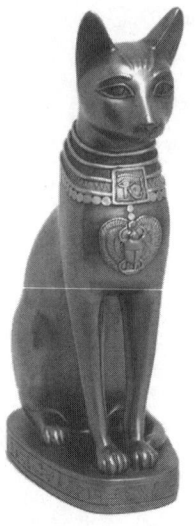

Wenn du nicht wahrhaben willst, was dein Tier dir sagt, wenn du dich rechtfertigen willst oder sonst nicht klarkommst, dann blockierst du den Verbindungskanal. Wenn du hören willst, was dein Tier dir zu sagen hat, mußt du bereit sein, ihm wirklich zuzuhören.

Tiere beschönigen nichts. Das ist wie in einer guten Beziehung: Sie legen dir die Karten auf den Tisch, wenn du sie fragst. Sie sagen dir einfach, was los ist. Tiere sind nicht diplomatisch, und sie verschleiern nichts. Sie zeigen einfach das, was in ihnen ist. Das ist immer so, wenn du etwas von höherer Ebene erfahren willst. Deshalb brauchst du viel Übung und Bereitschaft, tatsächlich wahrhaben zu wollen und genauso stehen lassen zu können, was du hörst, wie es ist.

Innerlich beiseite zu treten bedeutet, keine bestimmte Antwort haben zu wollen. Wenn du doch eine haben willst, dann nimm das wahr und tritt mit diesem Wunsch beiseite. Es hilft, wenn du dir vorstellst, daß die Informationen, nach denen du gefragt hast, wie Lichtpunkte oder kleine Sterne durch die Lichtbrücke in dich hineinströmen. Sie fließen in deinen Kopf, in deinen Verstand, und werden dort übersetzt. Irgendwann wirst du verstehen, was dir dein Tier sagen wollte. Laß es los. Am Anfang ist es vielleicht sehr mühsam, etwas zu hören oder zu spüren. Du brauchst wirklich Geduld oder, wie ich, ein tiefes Bedürfnis, deinem Tier nahe zu sein.

Aber ich bin ganz sicher, wenn dein Interesse an geistiger Kommunikation so groß ist, daß du dieses Buch gekauft hast und bis hierher bei mir geblieben bist, dann wirst du es leicht schaffen.

Das Leben und dazu eine Katze,
das ergibt eine unglaubliche Summe,
ich schwör's euch!

RAINER MARIA RILKE
(1875–1926, eigentlich René Karl Wilhelm Johann Josef Maria Rilke,
österreichischer Erzähler und Lyriker)

Cleopatra

oder

Höhere Ebenen des Zusammenlebens

Als sie zu uns kam, war Cleopatra ziemlich scheu, dünn und schreckhaft. Für mich war sie aber vor allem ein Geschenk des Himmels, und ich nahm sie dankbar in mein Herz auf. Natürlich war sie nicht Dana, weder vom Aussehen noch vom Verhalten her, und ich habe noch immer viel geweint, gerade, wenn Cleopatra zwar ähnliche Dinge wie ihre Halbschwester tat, aber eben nicht meine Dana war.

Jedesmal habe ich mich sofort bei Cleo entschuldigt, ihr erklärt, daß ich sie nicht als Ersatz haben will, daß ich aber noch in Trauer bin. Das hat sie verstanden. Es war leicht, mit Cleo in spirituellen Kontakt zu kommen. Sie ist vom Wesen her sehr zart, läßt sich zwar lange streicheln, haßt es aber, wenn man sie richtig fest knuddelt (was ich manchmal trotzdem tue, auch wenn sie es nicht mag, sie ist einfach so süß ...).

Cleo fühlt sich auf der geistigen Ebene vollkommen anders an als Dana. Dana war eine geübte Hexenkatze, sie war vertraut mit höheren Ebenen der Kommunikation, und sie hatte eine klare, starke Ausstrahlung. Cleo hingegen ist wie ein zartes Püppchen, so zart, daß ich sie am Anfang geistig kaum wahrnehmen konnte und glaubte, ich könne die Verbindung zu ihr nicht herstellen.

Als sie sich einigermaßen bei uns eingelebt hatte – also nicht gleich aufstand und ging, wenn ich mich ihr näherte –, fragte ich sie, warum sie zu uns gekommen sei. Ich weiß, wozu ich sie in meinem Leben

brauche, aber es war mir ein Bedürfnis, zu erfahren, was ich für sie tun kann. Ich wollte nicht befürchten, daß sie sich geopfert hat, damit ich nicht allein bin.

›Ich bin hier, um dich an die Zartheit und die sanften Anteile deines Wesens zu erinnern. Ich hüte den Raum, den Dana geschaffen hat, und verbinde dich mit deinem inneren Kind. Ich brauche inneren Raum, und ich danke dir, daß du dir die Zeit dafür nimmst. Einige Anteile in mir können sich nur entwickeln, wenn ich in diesem hohen Bewußtseinsraum leben darf.‹

Das war Cleos Antwort, und ich wußte gleich, was sie meinte. Cleo ist weder lebhaft noch verspielt. Sie ist scheu und sehr sanft, sie braucht viel dringender noch als Dana Stille und Frieden. Wenn ich gut für sie sorgen will, dann muß ich mir die Zeit nehmen, meine Hände auf sie zu legen und ihr inneren Raum zu geben. Wenn ich das tue, dann wird sie sehr liebevoll und anhänglich, wenn ich es vergesse, zieht sie sich zurück. Ich merke also immer an ihrer Präsenz, ob ich in spiritueller Hinsicht genug für sie sorge.

Vor ein paar Monaten ging bei uns alles drunter und drüber, wir sind umgezogen und hatten wirklich viel Streß und Ärger mit der alten Wohnung. Ich kam nicht dazu, Cleo den Raum zu geben, den sie braucht – ich hatte auch gar nicht die innere Ruhe dafür. Sie zog sich immer weiter zurück. Irgendwann legte ich mich voller Schuldgefühle zu ihr und verband mich mit ihr. Ich entschuldigte mich, aber sie sagte:

›Indem du mir den Raum gewährst, gibst du dir selbst Raum. Ich

bin energetisch verbunden mit deinem inneren Kind. Ich erinnere dich an deine eigene Zartheit, und wie ich ziehst du dich zurück, wenn du keinen Raum bekommst. Deshalb bin ich bei dir. So hab keine Schuldgefühle, sondern nimm wahr, daß ich dich nur an das erinnere, was du selbst brauchst.‹

Ist das nicht ein Geschenk? Und es stimmt! Dana verband mich mit der magischen Frau in mir, bei Cleo bekomme ich Zugang zu den sehr verletzlichen zarten Anteilen. Sie ist nie laut, sondern immer leise und sanft. So gern sie bestimmt bei ihrer Familie war, diese spirituelle Ebene bekommt sie dort nicht. Deshalb war es für sie genau richtig, zu uns zu kommen. Ich will nicht so weit gehen, zu sagen, Dana hätte den Platz frei gemacht, aber ich spüre, daß ihr Tod wirklich einen Sinn ergab. Solange sie bei uns war, hätten wir uns nicht auf andere Katzen eingelassen, denn ich hatte ihr ja versprochen, sie allein zu halten. Ich hätte ihr einfach keine andere Katze zugemutet.

Bei Cleo war das anders. Marion, die Züchterin, erzählte mir, daß Cleo eine wundervolle Mutter ist, die sich hingebungsvoll um ihre Babys kümmert und genau weiß, was zu tun ist. Also trauten wir uns, Cleo decken zu lassen.

Zum ersten Mal kam nun die Qualität „erlöste Mutter" in mein erwachsenes Leben. Durch Cleo lernte ich, welche Anmut und Würde, welche Liebe, welche Hingabe das Muttersein bedeuten kann, wie natürlich und gut es ist, ganz und gar für seine Babys dazusein. Ich kannte bis dahin nur die widerwillige Variante – das Gefühl, etwas aufgeben zu müssen und ein Opfer zu sein.

Ich habe meinen Aszendenten im Krebs, für mich ist das Mutterthema in unerlöster und erlöster Form eine Lebensaufgabe. Zum ersten Mal in meinem Leben begegnete ich in Cleo einer echten, wahren, vollkommen hingebungsvollen Mutter, die weder von anderen in Frage gestellt wurde noch an sich selbst zweifelte. Die menschlichen Mütter dieser Erde dürfen sich in den meisten Fällen gar nicht erlauben, wirklich in dieser Aufgabe aufzugehen, so sehr drängt sich die Leistungsgesellschaft in die Wahrnehmung, und zwar von innen und von außen. (Das Thema ist sehr weitreichend und nicht Gegenstand dieses Buches. Bitte, zieh keine Schlüsse. Es geht um meine bewußte und unbewußte Einstellung zum Muttersein, nicht um meine eigene Mutter, die mir alles gegeben hat, was sie nur konnte.) Nun, Tiermütter dürfen voll und ganz Mutter sein. Tiermütter sind so natürlich, so aufmerksam und dabei so frei, daß es für mich unendlich heilsam war, das zu sehen und zu spüren.

Die Geburt war das Rührendste, was ich je erlebt habe. Noch nie war ich einer Katze so nah, nicht mal Dana. Cleo strolchte schon ein paar Tage vor der Geburt immer um uns herum, sprang trotz ihres Bauchs auf meinen Schoß, wenn ich schrieb. Das tat sie sonst nie, und ich versprach ihr, bei ihr zu bleiben. Ich gab ihr innere Bilder, die zeigten, wie ich während der Geburt bei ihr sitze, und ich schickte ihr immer wieder Lichtsäulen. Ich legte ihr oft die Hand auf den Bauch

und schickte auch den Babys Licht und Wärme. Ich erklärte ihnen, daß sie bei uns willkommen seien, daß ich mich sehr auf sie freute und alles tun würde, damit sie glücklich und gesund würden.

Als es soweit war, zeigten wir Cleo einen riesigen Karton, den wir als Wurfkiste ausgepolstert hatten. Eines Morgens um sieben – ich hatte gerade eine Tasse Kaffee geholt und wollte mich zu ihr auf den Boden neben die Kiste setzen, wie ich das seit ein paar Tagen tat –, ging sie in diese Kiste, legte sich hin, ihr Bauch zitterte, und ihr erstes Baby kam. Sie packte es am Nacken (ich war total entsetzt, dachte, sie frißt es, das sah wirklich ziemlich rabiat aus) und trug es in einen kleinen Abstellraum, in dem sie sich in der letzten Zeit öfter aufgehalten hatte. Wir legten ihr dort gleich eine Ecke aus, und sie bekam noch vier weitere Babys in dieser Kammer.

Es war einfach unglaublich süß, wie sie darauf geachtet hat, daß wir auch ja bemerken, sie wirft jetzt. Als sagte sie: Gut, euch zuliebe bekomme ich das erste in dieser wirklich tollen Kiste, aber jetzt kommt bitte mit. Wir waren die ganze Zeit dabei. Einem Baby riß ich die Fruchthülle auf, weil Cleo zu sehr mit den anderen beschäftigt war. Wir gaben ihr zwischendurch zu trinken, lobten sie, ermutigten sie … Selbstverständlich ist Cleo eine Katze, und für sie ist es ein natürlicher und normaler Vorgang, zu gebären. Aber wenn Tiere so nah mit Menschen zusammenleben und beide einen so engen Kontakt zueinander pflegen, dann wird auch ihre Bindung sehr viel stärker, und sie legen viel größeren Wert darauf, Unterstützung zu bekommen und nicht allein zu sein. Es war offensichtlich, daß sie uns bat, bei ihr zu

sein, und daß sie uns brauchte. Wenn ich sie bis dahin noch nicht so ganz als meine Katze annehmen konnte, weil Dana immer noch zu präsent war – in diesem Moment änderte sich alles. Cleo war nun energetisch fest mit uns verbunden, sie war nun wirklich und wahrhaftig unsere Katze (damit meine ich nicht, sie gehört uns, sondern sie gehört zu uns).

Ich hatte gehofft, daß sich Dana doch entschloß, mit diesem Wurf wieder auf die Erde zu kommen, aber ich hörte ein klares Nein, und ich spürte sie auch nicht.

So wie Cleo für ihre Babys sorgte, so waren wir nun für sie da. Wir wechselten ihr die Unterlagen, versorgten sie mit Futter, wenn sie nicht aufstehen konnte, redeten mit ihr und hielten beim Säugen ihr Köpfchen, wenn sie nicht mehr konnte. All das, was ich mir nicht zugetraut hatte, war nun möglich geworden, und tiefer Frieden begann in mir zu wachsen. Ich kann sehr wohl wirklich dasein, und es wird mir nicht zuviel, diese Liebe trägt einfach über alles hinweg.

Die Babys waren eine reine Quelle der Freude. Wir hatten Glück, und alle fünf kamen durch. Von Anfang an machte ich sie mit der Lichtsäule vertraut; ich redete mit ihnen, ich schickte ihnen Licht, Liebe und Bilder. Ich versuchte, zu spüren, welches der Kleinen ich behalten wollte, aber ich vertraute darauf, daß sie das selbst entscheiden würden. Eines Tages würde ich es wissen.

Eines von ihnen war besonders neugierig. Noch bevor der Kleine richtig gucken konnte, mußte er schon auf meine Hand zukrabbeln. Da wir entschieden hatten, zwei Katzen dieses Wurfes zu behalten, eine für jede von uns, war mir sehr schnell klar, das ist mein Kater. Ich fragte ihn nach seinem Namen, denn wir wollten von Anfang an alles richtig machen. Dazu gehörte, unsere Katzen als hochgeistige Wesen zu behandeln und ihnen ihre kosmischen Sternennamen zu geben. Wenn ich schon höhere Ebenen hören kann, dann muß ich das auch nutzen, das ist eine Art Verpflichtung, dachte ich und erwartete nun eine hochspirituelle Angelegenheit.

Ich lag fast im Kleiderschrank, wo Cleo die Kleinen unterdessen säugte, hatte meine Hand auf diesem Miniköpfchen und verband mich mit seiner höheren spirituellen Ebene. Auf einmal kam mir eine

Fernsehserie in den Sinn, die ich wirklich sehr liebe: Friends. Darin gibt es einen Mann, der wie ein kleiner Junge total chaotisch, gefühlsbetont und auf sich selbst bezogen lebt, Frauen reihenweise abschleppt und völlig unbekümmert und neugierig ist. Nun hatte ich zwar nicht vor, meinen Kater reihenweise Katzendamen abschleppen zu lassen, aber der Rest ... Ich weiß nicht, wie, aber der hochspirituelle Name zerplatzte in der Luft, und ich hatte meinen Joey. Und

wie sein Namensvetter ist er bis heute – neugierig, wild und gleichzeitig sehr emotional, ein richtiger Frechdachs.

Außerdem behielten wir noch ein Mädchen. Sie war die einzige, die nicht wie ihre Mutter grau-weiß, sondern dunkelbraun getigert ist. Maria nannte sie Alanis.

Die Erfahrung, Babys zu haben, war wunderschön und beglückender als alles, was ich bislang erlebt hatte. Sie erzeugen natürlich jede Menge Chaos und wirbeln die Energie völlig durcheinander, aber das ist manchmal sehr heilsam.

Schnell bemerkte ich, daß es schwierig ist, sich mit Babykatzen zu verbinden. Sie sind zu Beginn ihres Lebens so mit Essen, Schlafen und Spielen beschäftigt, daß ich keinen Zugang zu ihnen bekommen habe. Aber das war auch gar nicht nötig, ich konnte mich auch auf der körperlichen Ebene sehr leicht mit ihnen verständigen. Nie habe ich bereitwilligere soziale Wesen kennengelernt.

Als es Zeit wurde, daß sie feste Nahrung bekamen, stellte ich ihnen eine Katzentoilette in den Raum, in dem sie sich aufhielten. (Wir ließen sie zu Beginn nicht in der ganzen Wohnung umherwandern, damit sie sich nicht in die letzten Winkel hineindrückten.) Nachdem – natürlich – mein Joey zunächst der Meinung war, das sei sein persönliches Bett, haben alle verstanden, daß dies der Ort ist, an dem sie die feste Nahrung wieder loswerden können. Cleo zeigte es ihnen, und sie verstanden es ganz leicht. Sie verstanden es nicht nur, ich spürte, sie wollten alles richtig machen, in einem sehr positiven Sinne.

Sie wollten sich einfügen und ein Teil der Gemeinschaft sein. Katzen sind keine Rudeltiere, aber das heißt nicht, daß sie nicht wie jedes Wesen auf der Erde ein absolutes Interesse daran haben, sich in die Gemeinschaft, in der sie leben, einzufügen.

Irgendwann, als sie in der ganzen Wohnung umhertollen durften, bemerkte ich, daß ein Kätzchen einen meiner Blumentöpfe als Toilette benutzte. Ich setzte mich daneben, schloß die Augen und fragte nach oben, was ich wissen sollte. Lief etwas schief, wußte eine nicht, wo das Katzenklo war? Ich ging keine Sekunde davon aus, daß jemand „bösartig" war. Wenn eine meiner Katzen in den Blumentopf machte, dann gab es einfach ein Bedürfnis, das ich nicht kannte oder das ich übersehen hatte. Ich zeigte allen noch einmal, wo die Toilette ist, reinigte den Topf und beobachtete, was geschah.

Irgendwann kam Joey und setzte sich in den Blumentopf. Ich zeigte ihm wieder, wo die Toilette ist, doch er probierte es über mehrere Stunden immer wieder mit dem Topf. Irgendwann fragte ich ihn, was er brauchte. Die Antwort kam so leicht und einfach, daß ich wirklich verwundert war, nicht längst erkannt zu haben, worum es ging: Er brauchte einfach seine Ruhe und die Möglichkeit des Rückzugs. Aus einem Katzengrund, den ich nicht kenne, will er nicht mit anderen zusammen auf die Katzentoilette gehen. Und etwas Besseres als den abgelegenen Blumentopf hat er nicht gefunden.

Ich war so gerührt, als ich das verstanden hatte, daß ich mich noch mehr in Joey verliebte. Er hätte auch irgendeine Zimmerecke nehmen können, aber er wollte ja keinen Ärger machen, er brauchte eben nur

seine Ruhe. Natürlich bekam er sofort ein eigenes kleines überdachtes Katzenklo in einer ruhigen Ecke. Nach einer kurzen Zeit des Umlernens – der Blumentopf war ihm nun schon sehr vertraut – nutzte er sie, und alles war in Ordnung.

Warum ich dir das erzähle? Weil es das Energiefeld spiegelt, das Maria und ich erschaffen. Wir erzeugen bewußt ein Feld, in dem jeder das Beste in sich entwickeln kann und will. Wenn ich spüre, ich beginne, mich als Opfer zu fühlen, wenn ich also anderen Gemeinheit oder Lust am Zerstören unterstelle und zutraue, dann löse ich mich wieder davon und schöpfe von neuem Liebe und Selbstverantwortung.

Meine Katzen reagieren auf das, was ich ihnen zutraue. Sie zeigen mir die Energie, die Seite ihres Wesens, für das sie bewußt oder unbewußt Raum bekommen. Wenn du also in Frieden und Liebe mit deinen Tieren leben willst, dann erschaffe ein Feld von Frieden und Liebe, entweder ganz persönlich für deine Katze oder für die ganze Wohnung. Du verhinderst damit weder Krankheit noch Tod, noch Unfälle oder Raufereien. Aber du fügst nicht noch welche zu denen hinzu, welche die Katzen selbst verursachen und für die sie sich entscheiden. Du weißt einfach, das Feld von Liebe bringt das Beste in deinen Tieren und in dir zutage, das heißt aber nicht, daß sie immer kuschelig und süß sind.

Wie man ein Feld aus hoher Energie erschafft und hält

*Jetzt geht es an deine eigene Energie, an deine Aura, an deinen Le-
bensstil. Wenn du ein Feld von Liebe und Frieden herstellen willst,
dann mußt du ein Feld aus Liebe und Frieden sein. Wo wir gehen
und stehen, verbreiten wir um uns herum eine gewisse Atmosphäre,
die sich für andere entweder sicher und liebevoll anfühlt oder so, daß
sie auf der Hut sein müssen.*

*Diese Atmosphäre ist dein eigenes Aurafeld, und es birgt alle Ener-
gien, die du lebst, alles, was du denkst, fühlst, was du zuläßt und
was du verdrängst. Jeder Mensch spürt das, meistens zwar völlig
unbewußt, aber jede Reaktion, die du erhältst, ist letztlich eine Reaktion auf dein gesamtes Aurafeld, auch wenn du nur „Guten Tag"
sagst. Die Felder, in denen wir leben, überlagern sich, manchmal
neutralisieren sie sich, manchmal stören sie sich, manchmal gehen sie
in Resonanz miteinander. So entstehen Beziehungen.*

*Wenn du nun ein hohes Feld, also ein schneller schwingendes
Feld erschaffen willst, dann geht das nur, wenn du die langsamere,
niedriger schwingende Energie in deinem System löschst – zumindest für die Zeit, in der du das Feld halten willst. Das ist ganz leicht
zu verstehen: Du kannst keinen Raum von Frieden und Liebe schaffen und dann deinen Partner anschreien oder einen Horrorfilm an-
schauen. Das zieht sofort das Feld auf niedrigere Frequenzen. Das*

macht ja nichts, es dient nur nicht deiner Absicht, ein hohes Feld zu erschaffen.

Du legst also entweder deine Hände auf das Tier, für das du das Feld halten willst, oder du nimmst eine Meditationshaltung ein, wenn du das Feld für einen ganzen Raum herstellen möchtest. Dann öffnest du dich und stellst dir einen Lichtstrahl vor, der aus dem Herzen des Himmels kommt und bis hinein in das Herz der Erde reicht. Er umhüllt und durchströmt dich, läßt alles aus dir herausfließen, was nicht Liebe, Kraft und Freude ist. Wenn du möchtest, kannst du dir auch vorstellen, wie dieser Lichtstrahl dein Tier umhüllt und durchströmt, ihm Kraft, Liebe und Frieden gibt. Nun bitte darum, daß sich Liebe und Frieden in dir ausbreiten, aus dir herausströmen und durch dich hindurch in den Raum oder in dein Tier hineinfließen. Vielleicht willst du dir einen Engel vorstellen oder die Göttin Bastet bitten, ihre Energie zu schicken (wenn du ein Feld für Katzen erschaffen willst). Vielleicht willst du dir auch ein Symbol ausdenken, das am besten zeigt, welche Energie du halten willst – ein goldenes, rosa oder weißes Herz, eine weiße Taube, eine Rose, vielleicht auch etwas vollkommen anderes.

Alles, was dich selbst in eine friedliche, liebevolle Stimmung versetzt, funktioniert. Wenn du das geistig nicht allein kannst, dann spiele sanfte Musik, zünde eine Kerze an. (Vorsicht mit den Katzen – meine versengen sich manchmal die langen Schwanzhaare, wenn ich nicht aufpasse.) Vielleicht spürst du selbst eine Art Kribbeln, wenn das Feld höher zu schwingen beginnt, vielleicht Wärme, vielleicht schlägt dein Herz schneller, oder du siehst Licht.

Spätestens bei diesem Schritt wirst du dich verändern, wenn du den Weg wirklich gehst. Es wird Situationen geben, in denen du spürst, daß sie dich hinunterziehen, deine Aura so sehr schwächen, daß du nicht mehr bereit bist, sie zuzulassen, wenn du dich an das höhere Feld gewöhnt hast.

Wenn du eine hohe Energie nicht für den Raum, sondern für deine Katze halten willst, dann lege deine Hände auf sie, oder halte die Hände, als wolltest du sie segnen (was du ja auch tust). Stelle dir nun ein sehr helles Licht vor, das euch beide umhüllt, und bitte darum, auf eine höhere Frequenz gebracht zu werden. Nun programmiere das Feld, indem du eine Absicht formulierst, Liebe, Frieden, Gesundheit, Seelenheil – oder was auch immer du verwirklicht sehen willst. Sprich es aus, oder stelle dir ein Symbol vor, und das so lange, bis du es spürst. Du kannst auch einfach „Dein Wille geschehe" programmieren, damit erschaffst du ein Feld, in dem sich der Wille der göttlichen Kraft offenbaren und verwirklichen kann.

Jetzt ist eine gute Zeit, sich mit Feng Shui zu befassen, mit dem Fluß von Energie in Räumen und in der Natur. Wenn du ein dauerhaftes gesundes Feld erzeugen willst, das deinen Tieren, aber auch dir und denen, die mit dir leben, zugute kommt, dann entrümpele deine Wohnung. Wirf alles raus, was dir nicht gefällt, nicht mehr zu dir paßt oder dich mit unguten Gefühlen verbindet. Wenn es nötig ist oder du das Gefühl hast, etwas in dir zieht dich immer wieder runter, dann gehe zu einem Therapeuten oder einer Selbsthilfegruppe.

Verstehst du, es geht in diesem Buch nicht um Therapie oder so. Aber wenn du wirklich daran interessiert bist, ein dauerhaftes, stabiles, liebevolles Energiefeld zu erschaffen, in dem sich deine Katzen entspannen und das Beste in sich zum Vorschein bringen können, dann ist es sinnvoll, alles zu lassen, was eben nicht liebevoll oder friedlich ist. Das kann dein Wohnzimmerschrank, das Bild an der Wand, der Umgangston zwischen deinem Partner und dir sein oder deine Gefühle.

Je öfter du übst, ein friedliches Feld zu schaffen, desto leichter wird es dir fallen, und desto mehr verlierst du die Lust an allem, was sich nicht gut anfühlt. Außerdem wird die Kommunikation zwischen dir und deinem Tier immer einfacher, denn du trainierst nicht nur deine spirituellen Fähigkeiten, sondern seine gleich mit. Wenn du das übst, brauchst du eigentlich gar keine Meditation mehr, denn das ist schon eine.

Könnte man den Menschen mit der Katze kreuzen,
würde man damit den Menschen verbessern,
die Katze aber verschlechtern.

MARK TWAIN
(1835–1910, eigentlich Samuel Langhorne Clemens,
US-amerikanischer Erzähler und Satiriker)

Joey

oder

Laß mich, ich will spielen!

Joey ist ein frecher kleiner Racker. Im Gegensatz zu Cleo kann ich mit ihm wild spielen, ihn drücken und knuddeln. So kann ich mit ihm mein Bedürfnis nach unbekümmerter Nähe teilen. Ich schnappe ihn mir, wenn er diesen besonderen Blick bekommt und anfängt, vor mir wegzurennen.

Es hat ein bißchen gedauert, bis ich verstanden habe, daß er zwar sehr neugierig ist und einen robusten Eindruck macht, aber sehr viel Sicherheit und Stabilität braucht. Ich fühlte mich von Anfang an sehr verbunden mit ihm, er war mir sehr vertraut, ich kenne ihn einfach. Joey ist mir auch körperlich sehr nah.

›Ich teile mit dir das wilde innere Kind‹, sagte er, als ich ihn fragte, was uns verbindet. ›Es ist nicht so sehr das zarte Kind, sondern jenes, welches sich traut, auf Bäume zu klettern, welches wagemutig und lebendig ist – solange jemand unten steht und ihm Sicherheit gibt: die innere Pippi Langstrumpf.‹

Ich habe einfach unglaublich viel Spaß mit ihm. Joey ist von allem völlig fasziniert und bezaubert, immer begeistert, immer neugierig, immer für alles offen. Mit ihm habe ich viele besondere Rituale, die wir beide lieben. Bevor ich morgens Kaffee trinke, teilen wir uns einen dieser kleinen Drinks, mit denen man die Abwehrkräfte aufbauen kann. Ich trinke das nur, weil wir es teilen. Ich glaube, ich brauche diese Ri-

tuale noch mehr als er. Wenn ich einkaufen gehe, nehme ich Hüttenkäse für ihn mit, den liebt er, und auch den essen wir nur zusammen. Es ist eine neue und wunderschöne Erfahrung, solche Gewohnheiten zu teilen, das kannte ich noch nicht. Meine Verbindung zu Joey besteht eher aus Handlungen als aus höherer Energie.

Als ich vor ein paar Monaten ein paar Worte von Joey auf meine Homepage im Internet schreiben wollte, teilte er mir folgendes mit: „Ich mische den Laden ein bißchen auf, damit ihr nicht den Spaß vergeßt. Ich spiele und tobe, ich bringe rote Energie, Lebendigkeit und Chaos. Durch mich bleibt das Feld lebendig und ungeordnet, damit ihr nicht einstaubt!" (Frech, oder?) „Durch mich lernt ihr, daß Ungestüm und Sanftheit sich nicht ausschließen."

Mit Joey komme ich nicht so leicht in spirituellen Kontakt. Er ist schnell gelangweilt, wenn ich mit ihm rede, er spielt lieber. Gerade habe ich ihn gefragt, ob er noch etwas sagen will, weil ich diesen Text schreibe. Doch er meinte nur: „Sag, daß ich lieber schlafen will!" Das war vor etwa einem halben Jahr. Warte, ich frag ihn mal, ob er dazu was zu sagen hat ... Nein, will er nicht. Er findet das langweilig.

Joey liegt gerade im Blumenkübel im Gehege, und als ich meine Hände auf ihn lege, spüre ich sofort wieder diese unbändige Unternehmungslust, diese Begeisterung. Reden ist nicht seine Sache. Er braucht es, mit mir Dinge zu unternehmen. Er schickt mir gern Informationen, aber eher nebenbei. Er langweilt sich bei diesen bewußten Verbindungen, außer, er ist müde und kuschelt sowieso.

Ich soll dir, lieber Leser, liebe Leserin, nur erzählen, rief er hinter

mir her, daß er in früheren Leben oft auf der Straße gelebt habe. Er sei ein richtiger Raufbold gewesen und habe jede Menge lebendige, körperliche Energie gehabt. Es sei für ihn ziemlich neu, das zu zügeln und in einem Haus zu leben, aber er genieße es sehr, weil er zur Ruhe komme. Allerdings werde er nie so ein Waschlappen – das sagt er tatsächlich! – sein, er spiele nun mal gern und könne nicht genug herumtoben. Das hörte ich, während ich schon wieder ins Haus ging, um weiterzuschreiben.

Bei dieser ganzen Lebhaftigkeit ist er so süß und liebevoll, so klar und sanft, daß es fast nicht zu glauben ist. Das, was ich spüre, wenn ich meine Hände auf ihn lege, ist viel wilder als das, was er lebt. Gerade sagt er: ›Ich muß lernen, mich zu zügeln, ohne meine Kraft zu unterdrücken, und ich ruhe mich hier aus. Ich habe die Möglichkeit, mich auszutoben, aber ich muß nicht kämpfen, ich darf aufatmen und meine Verspieltheit leben.‹

Wirklich, wenn du ihn sehen könntest – er ist so ein Quatschkopf! Er wirkt wie ein sanfter Riese (Maine-Coon-Katzen können ziemlich groß werden, und das ist er auch). Doch bei all seiner Kraft ist er stets unglaublich sanft und liebevoll. Er hat mich noch nie gekratzt und läßt sehr viel körperliche Nähe zu, ich kann alles mit ihm machen. Er piepst nur, wenn ich ihn kämme, und geht weg, wenn er es nicht will, aber er kratzt nie.

Eine Sache will ich dir erzählen, damit du verstehst, was ich durch Joey lerne, gerade weil er so sanft ist und so viel zuläßt:

Er hat sehr feines Unterfell, das leicht verfilzt. Das hat ihm sein Vater vererbt, auch seines ist immer voller Knoten. Wenn du jemals Langhaarkatzen hattest, dann weißt du, wie sehr sich das Fell trotz Pflege verwirren kann. Im Frühjahr war ich also dauernd damit beschäftigt, ihm Fellknoten zu entfernen. Er haßt das und geht immer weg, außer, ich nehme mir wirklich sehr viel Zeit und rede un-entwegt auf ihn ein. Auch dann duldet er es nur widerwillig und nur, um mir einen Gefallen zu tun. Joey hat also bei aller Pflege Knoten im Fell.

Eines Tages lag er auf einem Stuhl und schlief. Ich streichelte ihn, küßte sein Köpfchen, legte mein Gesicht auf seinen Bauch. Ich gab ihm Energie, er entspannte sich, und ich fragte ihn, was er brauche, ob ich etwas für ihn tun könne ... was wir eben so reden.

›Bitte nutze die Situation nicht aus, um mir wieder Knoten rauszuschneiden‹, sagte er, ›das ist dein Perfektionismus, nicht mein Bedürfnis.‹ Ich fühlte mich ertappt. Ich will nicht, daß jemand denkt, ich kümmere mich nicht gut um meine Katzen, deshalb bin ich ziemlich zwanghaft mit diesen Knoten. Selbstverständlich müssen sie raus,

aber das heißt nicht, daß ich unsere Nähe ausnutzen darf, um etwas zu tun, das er haßt. Ich habe ihm also versprochen, ihn nur zu streicheln und ein Feld von Ruhe zu erzeugen.

Aber natürlich konnte ich es nicht lassen. Er hat einfach recht, ich bin perfektionistisch. Ich nahm doch die Schere und begann, an ihm herumzuschnippeln. Er stand auf und ging. Ich fühlte seine Enttäuschung, aber auch seine Langmut mir gegenüber.

Noch nie habe ich mich in meiner Beziehung zu meiner Katze schlechter und schuldbewußter gefühlt. Ich habe die Situation mißbraucht, obwohl er mich gebeten hatte. Ich konnte es einfach nicht lassen. Ich entschuldigte mich aus ganzem Herzen bei ihm und bat ihn, Geduld mit mir zu haben. Er kam wieder zu mir, und ich mußte mich wirklich zwingen, nicht erneut an ihm herumzudoktern, sondern ihn einfach zu lassen, wie er ist.

(Gerade fällt mir was ein: Ist das nicht sowieso eine wichtige Lehre für uns Frauen? Unsere Männer einfach mal in Ruhe zu lassen?)

Joey lehrt mich also loszulassen. Ich habe für übermorgen einen Termin bei einem Tierarzt gemacht, der ihm eine leichte Narkose geben und ihm dann professionell alle Knoten entfernen wird. Das werde ich ihm morgen erklären. Ich werde ihm Notfalltropfen geben und bei ihm sein, damit er sich nicht entwürdigt fühlt.

Uwe, bei dem Joeys Vater zuhause ist, kommt mit, das wird also ein Familientreffen. Ich bin immerhin Joeys „Mut-

ter" (so sehen uns unsere Tiere, weil wir sie versorgen). Das heißt, ich bin zuständig dafür, daß er gut gepflegt ist und sich keine Ekzeme auf seiner Haut bilden. Entsprechend erlaube ich mir also durchaus, etwas zu tun, das gegen seinen Willen ist, wenn ich weiß, daß es wichtig ist. Aber beim Tierarzt wird es einmal und professionell gemacht, nicht immer wieder und irgendwie, das ist etwas ganz anderes.

Joey ist mein ganz besonderer Kater. Er ist unkompliziert, verrückt und verspielt, aber gleichzeitig hat er eine solche Würde und Präsenz, daß ich ihn immer spüre. Er zeigt mir deutlich, wie es ihm geht und was er braucht – anders als seine Mutter Cleo, die sich zurückzieht, wenn ihr etwas gegen den Strich geht. Das Wort, das mir bei ihm immer einfällt, ist „Unschuld": Er ist wie ein aufgewecktes, total begeistertes Kind und versorgt dieses ganze Haus mit seiner Lebendigkeit.

Gerade spüre ich es: Das stimmt. Er gibt diesem Haus und uns Energie, er ist wie ein immer voller Akku für Lebendigkeit. Dafür bekommt er von mir Sicherheit und sehr viel Aufmerksamkeit. Er erdet mich, er tobt und spielt mit mir, wenn ich zu weit in geistige Gefilde abdriften will. Und er erfüllt mein tiefes Bedürfnis nach irdischer Nähe, nach gemeinsamen Ritualen, schaut mir beim Kochen zu, ist einfach immer da, wo ich bin, immer begeistert und immer voller Freude.

Schritt fünf:

Telepathische Kommunikation

Um mit meinen Katzen zu reden, muß ich ihnen mittlerweile nicht mehr meine Hände auflegen, ja ich brauche nicht mal im selben Raum zu sein, um sie zu hören – ganz einfach, weil ich nun darin geübt bin, die Kanäle zu nutzen. Dennoch kann ich nur die seelischen und emotionalen Energiemuster meiner Katzen lesen. Ich könnte nicht sagen, wo sie sich gerade befinden oder was sie tun, nicht einmal, ob sie gesund sind oder nicht. Das können andere vielleicht, doch ich kann die körperliche Ebene nicht lesen – wohl weil sie mir am wenigsten vertraut ist.

Ich höre und spüre jedoch, wie sich die körperliche Ebene in energetische Informationen umsetzt. So erkenne ich zum Beispiel, wie sich eine Krankheit auf anderen Ebenen zeigt, nicht aber, welche energetische Störung sich wo im Körper auswirkt. Alles, was ich spüre, läßt sich also nicht wirklich nachprüfen, weil es keinen konkreten Ausdruck dafür gibt. Die Frage ist demnach: Stimmt das, was ich wahrnehme?

Wenn du die einzelnen Schritte bis hierher gegangen bist, dann bist du unterdessen so geübt darin, dein Tier zu verstehen und zu hören, daß der Kommunikationskanal immer offen ist – auch wenn du die Verbindung nicht bewußt herstellst. Der Vorteil davon ist, daß du einen viel innigeren Kontakt zu deinem Tier hast, der Nachteil,

daß du – weil du dich nicht bewußt darauf eingelassen hast – eben nicht weißt, wer gerade spricht, dein Tier oder deine Vorstellungen.

Woran also erkennst du, ob es Informationen deines Tieres sind, die du wahrnimmst, oder ob du einfach etwas interpretierst? Du erkennst es an dem Gefühl, das du dabei hast. Immer, wenn du Schuldgefühle bekommst, wenn du „ich sollte" denkst oder wenn du dich nicht gut fühlst bei dem, was du zu hören glaubst, spiegelt das Gehörte deine eigenen inneren Zustände wider. Tiere sind nicht so; wenn du mit ihnen redest, dann bekommst du klare Aussagen, vollkommen frei von Gejammer und Emotionen.

Verstehst du den Unterschied? Wenn du tatsächlich telepathische Informationen hörst, sind sie klar, distanziert und relativ gelassen. Weil Tiere nun mal so sind. Wenn sie zu dir sprechen, fühlt sich das stets weniger persönlich an, weniger gefühlsverklebt, eher entspannt als emotional. Das heißt nicht, daß du nicht manchmal aufgrund der erhaltenen Informationen Gefühle entwickeln kannst. Doch die Botschaft selbst ist meistens nicht emotional, und wenn doch, dann sind es nie deine eigenen altbekannten Gefühle.

Manchmal, wenn wir für ein paar Tage in Urlaub sind, ist es, als klopfe eine meiner Katzen innerlich an. Ich sehe sie dann vor mir, fühle mich aber durchaus nicht schlecht und schuldbewußt, weil ich nicht da bin. Wenn ich mir hingegen etwas einbilde, dann sind zuerst die Schuldgefühle da, und dann kommt die „Botschaft". Jedesmal bevor ich fortgehe, erkläre ich ihnen, daß wir wegfahren und bald wiederkommen. Außerdem verspreche ich ihnen, jeden Tag Licht-

brücken aufzubauen, und das tun wir auch. Wenn sie bei mir anklopfen, dann sende ich ihnen einen Lichtstrahl. Ganz anders ist es, wenn ich sie vermisse. Dann rufe ich bei den Freunden an, die sich um sie kümmern, und lasse mir erzählen, wie es ihnen geht. Aber das ist dann mein *Bedürfnis*.

Der Unterschied ist also dein eigener Gefühlszustand. Hast du zuerst Gefühle und bekommst dann scheinbar Informationen? Oder bekommst du zuerst geistige Botschaften und reagierst dann einfach entsprechend? Natürlich kann ein ungutes Gefühl auf eine Gefahr hinweisen, aber dann ist das keine Telepathie, sondern einfach deine Intuition. Sie ist sehr wichtig und du solltest deinen Eingaben auf jeden Fall nachgehen – aber über Intuition reden wir ja im Moment nicht. Wenn du also sicher sein willst, daß das, was du hörst, auch stimmt, dann frage bewußt nach. Wenn die Information klar ist, dann kannst du einfach davon ausgehen, daß du sie richtig hörst.

Ich gebe dir ein Beispiel:
Unsere Katze Alanis war kurz davor, zu werfen. Seit Tagen blieb ich zu Hause und schrieb an diesem Buch, während wir warteten, und war da für Alanis. Eines Abends wollte ich trotzdem mit einer Freundin tanzen gehen, aber ich war nicht sicher, ob Alanis mich nicht doch brauchte (ich neige sehr zu Schuldgefühlen und einem Rettersyndrom). Nun war erstens die Wahrscheinlichkeit, daß sie ausgerechnet in diesen zwei Stunden zu werfen beginnt, sehr klein, und zweitens war Maria da. Alanis war also sowieso nicht allein.

Ich fuhr also los und wollte mein Handy mitnehmen, damit ich bei Bedarf erreichbar wäre. Aber ich habe es dann doch im Auto gelassen. Beim Tanzen sah ich auf einmal Alanis' große Augen vor mir. Ich bekam das dringende Gefühl, daß sie mich braucht, außerdem empfand ich Schuld, weil ich sie „allein" ließ. Da ich gerade an diesem Buch schrieb, fand ich das äußerst spannend, und ich dachte beim Tanzen darüber nach, wie ich nun herausfinden könnte, ob das, was ich zu spüren glaubte, nämlich, daß sie mich rief, stimmte oder nicht.

Ich baute also eine Lichtbrücke zu Alanis auf und fragte sie einfach bewußt. Sie sagte, sie sei eine Katze und wisse, was zu tun sei. Sie habe ihre genetische Information, und außerdem seien Maria und Cleo ja auch da, ich solle mich nicht so anstellen. Es sei sehr schön, daß ich für sie da sei, aber sie sei sehr viel unabhängiger, als ich das befürchte und vielleicht – das sage jetzt ich – auch unabhängiger, als ich das gern hätte …

Hätte Alanis mich an jenem Abend gebraucht, dann hätte es sich anders angefühlt. Ich hätte kein Schuldbewußtsein empfunden, sondern eine klare Botschaft in der angemessenen Dringlichkeit empfangen. Trotzdem habe ich ihr Licht geschickt, schon zu meiner eigenen Beruhigung. – Natürlich hatte sie noch nicht geworfen, aber ich bin froh, daß ich diese Situation erlebt habe, sonst hätte ich dir den Unterschied nicht erklären können.

Es gibt Menschen, die verändern die Welt
kraft ihrer Argumente;
eine Katze liegt nur schläfrig herum,
und ganz langsam verändert sich die Umgebung von allein
zu einer Welt voller Gemütlichkeit und Zufriedenheit.

(UNBEKANNT)

Morpheus und Alanis

oder

Die Linie geht weiter

Alanis, unser Püppchen, sagte eines Tages folgendes: ›Ich rühre euch, ich öffne euer Herz. Ich bringe Unschuld, ich zaubere euch ein Lächeln auf die Lippen, wann immer ihr mir begegnet. Ich bringe euch durch meine kleine Gestalt den Zauber der Anrührung. Ich wärme euer Herz, ohne daß ihr etwas für mich zu tun braucht.‹

Das ist tatsächlich so. Alanis stellt keine Ansprüche, sie frißt fast alles, kommt morgens unter die Decke zum Kuscheln und ist so süß klein, daß man meint, man hebe ein Katzenbaby hoch (dabei sind Maine-Coons eigentlich eine sehr großwachsende Rasse – bei Alanis war sicher irgendwo ein Eichhörnchen in der Linie ...). Sie hat das längste Fell von allen und ist dabei so zart, daß es unglaublich scheint, ein einziger Fellball. Während ich das schreibe, merke ich es wieder. Alanis hat mich noch nie genervt – was Joey und Cleo durchaus manchmal tun. Sie ist so feingliedrig, leicht und kuschelig. Wenn wir sie sehen, müssen wir immer lächeln.

Im Laufe des Jahres, indem sie erwachsen wurde, kam uns die Idee, sie decken zu lassen. Cleo wollte keine Kinder mehr, sie sagte, diese dauernde Rolligkeit nerve und schwäche sie, und das stimmte. Sie war nach ihrer letzten Schwangerschaft sehr nervös und sehr dünn geworden, so daß wir sie kastrieren ließen – natürlich erst nachdem ich sie mehrfach gefragt hatte, ob das denn wirklich in ihrem Sinne sei.

Vor allem, wenn ich eine schwarze Katze sah, merkte ich immer mehr, wie gern ich wieder eine solche hätte. Durch den Tod von Dana und dadurch, daß ich nun graue und dunkelbraune Katzen habe – die ich sehr, sehr liebe –, bin ich nicht mehr darauf fixiert, aber das heißt nicht, daß mich schwarze Katzen nicht immer noch total faszinieren. Ich habe gelernt, meine Katzen so wahrzunehmen und zu lieben, wie sie sind, und meine Vorstellungen darüber, wie sie sein sollen, so ziemlich abzugeben und loszulassen. Gerade deshalb schien es mir in Ordnung zu sein, wenn ich wieder eine schwarze Katze hätte, es würde unsere Familie irgendwie komplett machen.

„Zufällig" – wie das immer so ist – hatten unsere Freunde Marion und Uwe seit ein paar Wochen einen kleinen schwarzen Kater, Morpheus. Er sollte ihr zweiter Deckkater werden. Wir verabredeten, daß er, sobald er soweit wäre, unsere Alanis decken sollte. Wenn ein schwarzes Baby dabei entstünde, würden wir es behalten. Außerdem sagte ich Marion lachend, daß ich ihn sofort nähme, wenn er je Ärger mit dem anderen Kater (Joeys und Alanis' Vater Joe) bekäme – er war zu süß, um wahr zu sein, jeder wollte ihn mitnehmen. Natürlich wünschte ich ihnen allen, daß es dazu nie kommen würde. Marion liebte ihn so sehr, daß sie sich für ihn entschieden hatte. Und vielleicht ging es ja auch gut mit zwei Katern, es sah ganz danach aus.

Eines Abends massierte ich Alanis und gab ihr Energie.

Ich erzählte ihr, daß wir gern Babys von ihr hätten und streichelte ihren Bauch. Auf einmal, wie aus heiterem Himmel, hörte ich Dana. Ich hatte zwar immer noch Kontakt mit ihr, aber im Laufe der Zeit war es weniger intensiv geworden. Das Leben auf der Erde ging nun mal weiter, und ich konnte sie nicht andauernd vermissen.

›Wenn Alanis schwanger wird, komme ich wieder, wenn ihr wollt‹, sagte sie. Ich konnte es nicht glauben und auch nicht fassen – ich hatte doch ausdrücklich gehört, daß sie keine Inkarnation mehr haben wollte! ›Das Leben bei euch scheint so spannend und voller Liebe zu sein. Das will ich gern teilen, wenn ich darf‹, antwortete sie auf meine entsprechende Frage. ›Es wird eine ganz neue Erfahrung für mich sein, mit vielen Katzen zusammenzuleben. Das zieht mich sehr an.‹

Außerdem – das höre ich gerade noch, während ich dies schreibe – sagte sie, sie wäre gern wieder bei mir. Das ist so nah an meinem Wunschdenken, daß ich es nicht unbedingt glaube. Aber ich halte es für möglich, weil ich zuerst den Gedanken hatte, dann kam erst das Gefühl. Sie komme also wieder, sagte sie. Gut, ich glaube zwar, was ich spüre, aber ich glaube es nicht blind. Ich antwortete ihr, daß sie natürlich mehr als willkommen sei, aber ob sie nun wirklich wieder geboren werde, ließen wir mal dahingestellt.

Morpheus, der schwarze Kater, war unterdessen ein Jahr alt geworden. Als Alanis rollig war, kam er für ein paar Tage zu uns und deckte sie. Natürlich fühlte er sich in dieser Zeit bei uns nicht wirk-

lich wohl, und es gab einige Streitereien, weil er ja ein völlig Fremder war.

Gegenüber uns Menschen entwickelte er recht schnell Vertrauen; er ließ sich streicheln und füttern. Allerdings redete ich nicht sehr viel mit ihm, jedenfalls nicht auf höheren Ebenen, denn er war ja nur ein kurzer Gast und sollte nicht bei uns bleiben. Ich wußte, wenn ich mich erst auf ihn einließe, dann würde er mir sehr fehlen, denn er hat eine unglaublich liebevolle und vertrauensvolle Ausstrahlung. Er schien uns der ideale Vater zu sein, weil er trotz seiner Ängstlichkeit in diesem fremden Revier so anschmiegsam war. Und tatsächlich, auch Alanis schien ihn zu mögen, und sie wurde schwanger.

Wir freuten uns sehr, trauten uns aber nicht, zu glauben, daß Dana wiederkäme. Ich wußte sowieso nicht, woran ich das merken sollte – ich kann mir ja schließlich jede Menge einbilden. „Du wirst es spüren", hörte ich, „es wird sich vertraut anfühlen, und du wirst diese tiefe Liebe wahrnehmen." Ich öffnete mich also dafür, daß Dana vielleicht nicht schwarz werden würde, und ließ nun völlig los. Wir hatten eine ruhige, friedliche Zeit, alles war stabil und harmonisch.

Eines Abends bekam ich eine SMS. Morpheus hatte in der letzten Zeit andauernd Ärger mit Joe (dem ersten, älteren Deckkater), und Marion und Uwe suchten entnervt und schweren Herzens nach einer Lösung für ihn. Ob wir denn jemanden wüßten, der ihn nehmen könnte. Wir konnten es nicht glauben. Marion gab tatsächlich ihren süßen Kater her! Wie schwer mußte ihr das fallen!

Wir berieten uns kurz, aber eigentlich gab es nichts zu überlegen.

Natürlich würden wir Morpheus zu uns nehmen, wenn es den beiden recht wäre – war er doch erstens der Vater von Alanis' Kindern und zweitens genau die schwarze Katze, die ich schon als Baby gekannt hatte und die ich schon damals am liebsten zu mir genommen hätte. Wir fuhren am nächsten Tag hin, fragten ihn, ob er mit uns kommen wolle, hörten ein Ja und nahmen ihn mit. Es gab überhaupt keine Diskussion, ob das klappen würde oder nicht, es fühlte sich mehr als richtig an. Ich erwartete von meinen Katzen, daß sie damit klarkommen würden – wenn auch nicht sofort –, und ich war bereit, alles zu tun, was dazu nötig sein würde.

Jetzt waren wir mit einer vollkommen neuen Aufgabe konfrontiert: Wir setzten also unserer empfindlichen Cleo, unserem süßen Joey und unserer schwangeren Alanis einen erwachsenen, (noch) nicht kastrierten und kampferprobten Wildfang ins Revier. Und wir muteten Morpheus zu, sich in ein Energiefeld aus drei fremden Katzen, zwei fremden Menschen und einem völlig unbekannten Haus einzufügen. Das war (und ist noch) eine echte Herausforderung!

Ich las alles, was ich darüber in die Finger bekommen konnte, aber ich mußte einsehen, daß ich meine Katzen nicht kontrollieren kann. Ich kann ein Feld aus Liebe und Frieden schaffen, ich kann ihnen Bach-Blüten geben, ich kann ihnen die Aura klären, und ich kann eingreifen, wenn ich das Gefühl habe, sie übertreiben es, aber das ist es auch schon. Seit Morpheus' Einzug sind erst drei Wochen vergangen – ich kann dir also keine abgeklärten klugen Dinge dazu sagen, ich kann nur erzählen, wie wir es im Moment handhaben. Ich achte

sehr darauf, daß jede Katze ihren Raum bekommt, und ich versuche, zu verstehen, was in jeder neuen Situation zu lernen ist.

Neulich lag Cleo auf einem Regal, sie hatte sich ausgestreckt und war ganz entspannt. Morpheus ist sehr neugierig und läßt sich nicht beeindrucken. Er wollte zu ihr hochspringen; sie fauchte – das ging bestimmt drei, vier Minuten so. Da sie zu keiner Lösung zu kommen schienen, stellte ich mich auf einen Stuhl, streichelte die beiden und bestätigte Cleo, daß sie die Chefin sei. Erstens sei sie am läng-

sten da, und zweitens sei sie die Älteste, außerdem sei sie zuerst auf dem Regal gewesen. Morpheus sagte ich, daß er bei uns sehr erwünscht sei und sehr geliebt werde, daß er aber lernen müsse, Grenzen zu respektieren, die ihm andere aufzeigten, und daß es noch genug andere Plätze gebe, die er aufsuchen könne, wenn der zunächst von ihm bevorzugte besetzt sei. Ob du es glaubst oder nicht: Die beiden Katzen entspannten sich daraufhin tatsächlich.

Vielleicht geschah das nur deswegen, weil ich mit ihnen geredet habe, aber ich wage anzunehmen, daß sie auch die Botschaft erhal-

ten haben. Ich gehe einfach davon aus, daß sie Frieden wollen und daß sie, wenn sie sich anfauchen und miteinander kämpfen, noch keinen besseren Weg wissen oder daß das, was sie tun, für sie gerade richtig ist.

Eines Nachts lag Morpheus neben mir und ließ sich am Bauch streicheln. Das hatte er von Anfang an zugelassen, doch nach einer

kleinen Weile fängt er jedes Mal plötzlich an zu zucken, und dann beginnt er zu kratzen und zu beißen. Ich spürte also, während ich ihn streichelte, daß ich auf der Hut war, bereit, meine Hand zurückzuziehen. Ich baute schon eine Mauer auf, noch bevor er überhaupt Angst bekam und sich wehrte. Also schickte ich ihm Energie durch meine Hände. Ich stellte mir vor, daß ein goldenes Licht in ihn hineinströmte, und ich sagte ihm: ›Du darfst mich kratzen und beißen, ich lasse diese Mauer wieder fallen, von mir bekommst du Vertrauen, egal was du machst.‹

Ich opfere mich ganz sicher nicht auf, und ich erlaube bestimmt niemandem mehr, mich über Gebühr zu strapazieren, aber mir war völlig klar, daß ich Morpheus Raum geben muß, sich zu entspannen, egal wie er reagiert und wieviel Angst er bekommt. Wenn er mich auf einmal kratzt, weil ihm eine Situation zu nah kommt, dann heißt das

nicht, daß ich es gar nicht erst dazu kommen lassen darf. Ich lag also da, streichelte Morpheus und entspannte mich bewußt, auch wenn ich damit rechnete, daß er mich beißen oder kratzen würde. Nun, er tat es nicht. Seitdem hat er mich übrigens nie wieder gebissen; er geht unterdessen einfach weg, wenn er genug hat.

In dieser Nacht arbeitete ich noch mit ihm, schickte ihm Licht und bat ihn, mir die Farben seiner Aura zu zeigen. Auf einmal war mir dann alles klar: Er hatte jede Menge rote Lichtblitze im Energiefeld – war er es doch von klein auf gewöhnt, sich gegen einen großen, erwachsenen Kater durchzusetzen. Dazu kam dann noch die Geschlechtsreife. Es war kein Wunder, daß seine unteren Chakras grellrot leuchteten. Nun ist das für einen Kater, der sich in der freien Natur durchsetzen muß, sicher genau das, was er braucht, nicht aber unbedingt für einen, der als Hauskatze lebt.

Ich fragte Morpheus, wozu er bei uns sei, und er sagte, er habe einiges zu lernen und wolle seine liebevollen und spirituellen Anteile entwickeln. Es war also in Ordnung, wenn ich ihm die allzu roten Blitze aus der Aura zog. Ich fragte ihn auch, ob es in Ordnung sei, ihn kastrieren zu lassen, und er sagte, ja, das sei in Ordnung, wenn er nicht draußen lebe, sei ihm sein sehr starker Geschlechtstrieb sowieso nur eine Last und mache ihn unnötig unruhig. Ich legte meine Hände auf ihn und bat seine Schutzengel und Bastet dazusein. Ich stellte mir eine Lichtsäule vor, die uns beide umhüllt und durchströmt, und ich bat darum, daß sich die Blitze, die er jetzt nicht mehr braucht, aus seinem Feld lösen. Danach schickte ich ihm goldenes und orangefar-

benes Licht in die Stellen, aus denen das grelle Rot herausgeströmt war. Während der ganzen Zeit blieb Morpheus ruhig liegen und schnurrte. Zum Schluß, während ich schon fast wieder einschlief, schickte ich ihm noch violettes Licht für seine spirituelle Entwicklung; er sollte damit machen, was er wollte, er konnte es nehmen oder nicht. Er saugte es förmlich auf.

Am nächsten Tag hielten wir eine Art spirituelle Konferenz ab. Ich erklärte allen Katzen, daß wir jetzt Morpheus bei uns haben und daß es überhaupt keine Frage ist, ob er bleibt oder nicht, sie würden also einen Weg finden müssen. Wer zu uns in das Feld hereinkommt wird aufgenommen, wenn es sich für uns richtig anfühlt. Das Feld wird dann einfach größer und weiter, und jeder wird seine eigene innere Enge überwinden lernen. Ich fragte jede Katze nach ihrem Engpaß, also nach dem, was sie zu überwinden habe. Ich bekam keine Antworten, aber das machte nichts, ich wußte, die Informationen würden ihren Weg zu mir finden.

Etwas später las ich ein Buch über spirituelle Partnerschaft mit Tieren, im Anhang waren typische Verhaltensweisen aufgeführt und welche Bach-Blüten dagegen helfen konnten. Plötzlich wurde mir einiges klar: Es ging um völlig andere Themen, als ich mir das so vorgestellt hätte.

Joey zum Beispiel muß lernen, sich zu beherrschen und gelassener zu werden. Er lebt nicht mehr auf der Straße, er ist jetzt in Sicherheit, und er braucht seine Straßenkämpferenergien nicht mehr. Er darf lernen, daß andere Katzen nicht automatisch Kampf bedeuten, darf ein friedliches Miteinander üben, weil es genug Raum und Fressen und Liebe für alle gibt. Sein Stichwort ist Gelassenheit. Als ich das erkannte, gab ich ihm die entsprechenden Bach-Blüten, und jedes Mal, wenn er nun mit Morpheus zu kämpfen beginnen will, sage ich sehr ruhig und beschwörend „Gelassenheit".

Na ja, so ruhig und gelassen, wie ich mich selbst in dem Augenblick gerade fühle. Manchmal schreie ich auch ein bißchen (völlig unpädagogisch, aber ich habe auch Nerven!) oder sage gar nichts, sondern lasse sie einfach ihre Kämpfchen machen. So richtig kämpfen sie sowieso nicht, die Ohren sind nicht ganz nach hinten gelegt, es ist eher ein Spiel. Ich komme mir manchmal vor wie eine Mutter, deren Kinder sich streiten, aber wenn man dazwischenfahren will, sind sie sich plötzlich einig. Also lasse ich sie auch oft einfach in Ruhe und schicke nur meinen Segen und goldenes Licht – und nehme einfach selbst diese Bach-Blüten für Gelassenheit ...

Morpheus wiederum muß lernen, Grenzen zu respektieren. Er ist so frech und neugierig, daß er die Signale der anderen entweder einfach nicht mitbekommt oder die Warnungen schlicht ignoriert. Ihm schicke ich das Wort „Grenzen", und ich zeige ihm mit inneren Bildern, daß jede Katze ihren Raum einnimmt und daß er die Räume der anderen nicht betreten darf, außer, sie erlauben es ausdrücklich.

In meiner Vorstellung, die ich ihm über die Lichtbrücke sende, hat jede Katze eine goldene Hülle um sich herum, die nach außen strahlt und eine Grenze bildet. Das dazugehörige Bild ist eine ausgestreckte Hand mit der Handfläche nach außen, die typische „Halt"-Geste. An seiner energetischen Reaktion spüre ich, wenn er es verstanden hat. Er stutzt dann und zieht sich ein bißchen zurück. Ich schicke ihm daraufhin Licht und streichle ihn, damit er spürt: So ist es richtig.

Morpheus und Joey bringen mich immer wieder in Schwierigkeiten, und ich habe selbst viel zu lernen. Ich ertappe mich zum Beispiel dabei, wie ich Morpheus eher verstohlen streichle, damit Joey nicht eifersüchtig wird. Das ist so eine typische „selbstgemachte" Idee: Ich empfinde zunächst ein Schuldgefühl, dann bastle ich mir zurecht, wie sich Joey fühlen könnte. Als ich ihn eben dazu befragte, sagte er, darum gehe es überhaupt nicht, er wolle nur keine Eindringlinge in seinem Revier haben. Ich gehöre übrigens zu seinem Revier. Also ... Gelassenheit ... Atmen ...

Ich bin ziemlich angewiesen auf ein harmonisches Zuhause, und ich lerne gerade, Eintracht nicht um jeden Preis haben zu wollen, sondern es auszuhalten, was die beiden miteinander zu erledigen haben. Ehrlich gesagt: Es geht mich einfach nichts an. Ich mute ihnen immerhin zu, ihren Weg miteinander finden zu müssen. Wie sie ihn finden, ist ihre Sache, und ich kann, ja darf mich nicht einmischen. Wenn ich ihnen zutraue, damit klarzukommen, wenn ich beiden Kraft und Liebe schicke, ist das völlig ausreichend.

Ich muß also lernen, sie loszulassen, und zwar in dem Sinn, daß ich sie nicht dauernd kontrolliere, damit sie so schnell wie möglich wieder meine Kuschelkatzen sind. Sie sind nicht auf der Welt, um meine Bedürfnisse zu erfüllen, sie haben ihren eigenen Weg. Wenn dieser manchmal anders ist, als ich das gern hätte, dann ist das eben so. Wir haben eine Beziehung, kein Besitzverhältnis, und das bedeutet, jeder bekommt seinen Raum. Sollte ich mit etwas nicht klarkommen, dann muß sich eben auch mein Feld erweitern. Es ist eine völlig natürliche Reaktion – jedes Lebewesen, alle Tiere, Menschen,

sogar Pflanzen, wollen sich durchsetzen und führen ihre Revierkämpfe. Das nennt man schlicht Überlebensinstinkt.

Cleo ihrerseits lernt, sich zu behaupten und entspannt zu bleiben. Ich achte sehr darauf, daß sie ihren Raum bekommt, und sage ihr oft, daß sie die Große ist, die Älteste, die, die am wichtigsten ist. Das ist sie auch, denn ohne sie wären die anderen gar nicht da.

Ich wiederum lerne von ihr, Schutz zu geben. Ich lerne, ihren Ängsten und Empfindlichkeiten Raum zu geben und sie zu unterstützen. Ich lerne, sie nicht zusammenzustauchen, weil sie sich „so anstellt".

Das ist eine sehr wichtige Erfahrung und Aufgabe für mich, denn ich bin sehr geübt darin, mich „nicht so anzustellen". Ihr nun die Energie zu geben, die ich mir selbst oft nicht zugestehe, läßt mich auch mit mir selbst liebevoller und mitfühlender sein. Denn ich bin ein bißchen wie Cleo: Ich fauche zwar, ziehe mich aber zurück, wenn jemand mein Revier gegen meinen Willen betritt. Und dann versuche ich noch, mich selbst davon zu überzeugen, daß ich nicht mal fauchen sollte. Ich kann also zusammen mit ihr eine Menge über Selbstbehauptung lernen.

Gestern sagte sie, die Situation (mit Morphy) sei im Moment sehr schwierig für sie, aber sie sei auch sehr wichtig. Sie wolle bei uns lernen, sich zu behaupten und sich nicht immer zurückzuziehen. Bei uns könne sie das, denn durch all die anderen Katzen seien die passenden Voraussetzungen gegeben. Aber – und das mache den Unterschied – sie erhalte auch die energetische Unterstützung durch meine Lichtarbeit und die verabreichten Bach-Blüten. Deshalb könne sie sich wirklich entwickeln. Sie wolle nicht allein sein, obwohl das für sie einfacher wäre, sie wolle in einem Energiefeld leben, in dem auch sie sich entfalten müsse.

Und Alanis, unser Püppchen? Sie ist gerade so schwanger, daß sie völlig mit sich selbst beschäftigt ist. Darüber hinaus gleicht sie wie immer aus und hält sich raus. Wenn ich einen guten Kontakt mit ihr herstellen will, dann ist es meine Aufgabe, dafür zu sorgen, daß sie genug Energie von mir bekommt. Sie ist genügsam, sorgt gut für sich selbst und läßt die anderen ihre Kämpfe austragen. Manchmal ver-

lasse ich mich deshalb zu sehr darauf, daß schon alles läuft. Das typische Kind, das einfach funktioniert, ohne aufzufallen. Doch sie fordert mich damit auf, mein Verhalten zu hinterfragen: Wo bin ich mit meiner Aufmerksamkeit? Muß man erst schreien, damit ich bemerke, daß mich jemand braucht?

Oft setze ich mich zu ihr, lege ihr einfach die Hände auf, danke ihr, sage ihr, daß ich mich sehr auf ihre Babys freue, und versuche, sehr aufmerksam zu sein, auch wenn sie nicht so laut nach mir ruft. Je ruhiger ich innerlich bin, desto besser höre ich sie. Ich spüre, wenn sie an einem anderen Platz fressen will, weil ihr das Gerangel mit den anderen zu anstrengend ist. Im Moment will sie auch ein eigenes Katzenklo. Gestern habe ich ihr verschiedene Stellen zurechtgemacht, an denen sie in ein paar Tagen ihre Babys bekommen kann. Alanis lehrt mich, achtsam und in Ruhe zu sein, innerlich offen und im Herzen zentriert zu bleiben, denn sonst höre ich sie nicht.

Wie ich es vorhin angekündigt hatte, war ich gestern mit Joey beim Tierarzt zum Scheren. Joey ist nun ziemlich schmal, gar nicht mehr der beeindruckende, wuschelige, riesige Kater. Ich fühlte mich in seine Aura ein und sah, daß er trotz Notfalltropfen dringend Schutz und Kraft brauchte. Ich legte also wie immer meine Hände auf ihn und schickte ihm eine dicke goldene Hülle, ein stabiles Feld, in dem er

sich erstens sicher fühlen kann und das ihm zweitens seine Kraft wiedergibt. Wie so eine Art energetisches Fell, das er sträuben kann und mit dem er sich groß und stark fühlt.

Seine Würde wurde durch das Scheren verletzt, doch es ließ sich nicht vermeiden. Ich gab ihm Kraft, und ich sagte ihm, daß er der schönste Kater ist, den ich mir überhaupt nur vorstellen kann. Außerdem bin ich wirklich sehr froh darüber, daß ich ihn endlich wieder richtig streicheln kann. Vorher ging er immer weg, wenn ich ihn am Rücken anfaßte. Ich glaube, diese Knoten ziepten richtig an der Haut und taten ihm weh. Nach dem Scheren lag er noch halb narkotisiert bei mir, und ich kämmte ihm die dichte Wolle aus dem Schwanz. Im Halbschlaf sagte er, ich solle BITTE die Situation nicht ausnutzen. Wir fanden einen Kompromiß: Ich sagte, ich würde ihn so lange kämmen, bis er mir ein Zeichen gäbe. Er ließ es ein bißchen zu, dann wollte er aufstehen und gehen, woraufhin ich sofort aufhörte.

Respekt ist das Zauberwort. Ich muß lernen, andere zu respektieren und ihnen nicht meinen Willen aufzudrängen, auch wenn ich es noch so gut meine. Eine Ausnahme ist, wenn es wirklich wichtig ist. Joey würde sich nie kämmen lassen, aber er soll und darf auch nicht völlig verfilzen. Die Katzen würden auch nicht freiwillig Tabletten gegen Würmer nehmen, aber das muß halt ab und zu sein. Das verstehen sie auch. Sie akzeptieren es durchaus, wenn ich mich durchsetze, aber nur, weil sie wissen, ich mißbrauche meine Macht nicht um ihrer selbst willen.

Schritt sechs:

Die Technik, ein Feld zu reinigen und wiederherzustellen

Falls du nun den Eindruck bekommst, ich wolle dir sagen, daß nichts passiere oder du alles kontrollieren könntest, wenn du das Energiefeld nur richtig pflegtest und reinigtest – nun, das stimmt nicht. Du kannst versuchen, das beizutragen, was du im Leben anderer bewirken kannst, mehr ist es nicht.

Wie du weißt, ist Alanis schwanger, und wir warten schon die ganze Woche darauf, daß sie wirft. Es wird wirklich Zeit; so langsam werde ich unruhig, und ich habe gerade mit der Tierärztin geredet. Noch können wir nichts tun, ich soll am Montag mit ihr vorbeikommen, sagt sie, falls sie bis dahin nicht geworfen hat. Alanis will sich nicht mehr anfassen lassen (ich kann also nicht tasten, ob alles okay ist, zum Beispiel ob sich die Babys bewegen), sie schaut ab und zu zwar in die Kiste, die wir für sie ausgepolstert haben, aber sie macht keine Anstalten, ihre Babys zu bekommen. Ich kann nichts, aber auch gar nichts tun als für sie dazusein.

Ich habe sie gefragt, ob sie etwas braucht, aber ich höre nichts – weil ich Angst habe. Mein Kanal zu ihr ist blockiert, da ich beunruhigt bin, obwohl mir die Ärztin versichert hat, solange sie fresse und sich bewege, sei alles in Ordnung. Frißt sie wirklich genug? Macht sie tatsächlich einen munteren Eindruck? Meine alten Ängste kommen wieder: Bekomme ich es denn mit, wenn sie Hilfe braucht? Danas

Tod habe ich auch nicht verhindern können, der Schock darüber steckt mir noch immer in den Knochen. Was mache ich, wenn ich einfach gar nicht oder zu spät merke, daß etwas nicht in Ordnung ist?

Das ist so eine Situation, in der ich im wahrsten Sinne des Wortes nur loslassen kann. Ich kann weder pendeln noch etwas hören, noch hilft mir die Ärztin. Ich kann nur dasein, beten und versuchen, so entspannt und gleichzeitig so achtsam zu sein, wie es möglich ist. Ich kann versuchen, mit mir selbst liebevoll umzugehen, und ich kann meine höhere Macht darum bitten, jetzt nicht dem Zwang ausgesetzt zu sein, zu essen.

Alles, was ich zu den Techniken geschrieben habe, steht und fällt damit, daß du klar bist und in deiner Mitte bleibst. Wenn du aus ihr herausfällst, nutzt dir das ganze Wissen um Energiefelder und geistige Verbindung überhaupt nichts. Also ist es sehr sinnvoll, so oft wie möglich zu trainieren, bei sich zu bleiben und seinen Anker in seinen inneren Raum der Klarheit und des Friedens zu werfen. Meditation, Atemübungen, Yoga – es gibt sehr viele Möglichkeiten, sein eigenes Feld zu festigen.

Ich übe jetzt, mich zu entspannen, nicht zu essen, das auszuhalten und innerlich so wachsam zu sein (nicht ängstlich oder panisch, sondern wachsam, das ist etwas anderes), daß ich spüre, was los ist. Und genau das ist der nächste Schritt. Wenn du die Energiefelder deines Tieres ausgleichen oder verändern willst, dann brauchst du ein gutes stabiles eigenes Feld, das dir vertraut und bekannt ist. Du

brauchst die innere Möglichkeit, zu kapitulieren und um Hilfe zu bitten und damit dafür zu sorgen, daß dein eigenes Feld immer wieder gestärkt und gereinigt wird. Spätestens jetzt brauchst du eine höhere Macht, der du vertraust, denn sie ist es, die du anrufst, wenn du ein Energiefeld reinigen und wiederherstellen möchtest, egal, ob es dein eigenes ist oder das eines anderen.

Setz dich also hin und bitte darum, daß du das Energiefeld, das du klären willst, zu sehen bekommst. Vielleicht taucht ein inneres Bild auf, das die Energie ausdrückt – Farben, ein Sinnbild. Eine meiner Klientinnen beispielsweise hat gestern in einer Meditation ihren Herzraum betreten, das war ein kahler Betonkeller. Wir haben uns gleich ans Reinigen und ans Einrichten gemacht, außerdem werden wir wohl den Herzraum ein bißchen weiter oben ansiedeln, vielleicht im Erdgeschoß oder im ersten Stock ihres inneren Hauses. So etwas in der Art meine ich: ein vertrautes Bild, das den energetischen Zustand zeigt. Laß dir zeigen, was fehlt, was zu tun ist, und dann öffne dich für Möglichkeiten.

Sind deine Katzen zum Beispiel unausgeglichen, und hast du das Gefühl, ihr Energiefeld ist zu schwach, nicht leuchtend genug? Dürfen sie vielleicht nie in die Natur? Lebst du in der Stadt und hast nur einen kleinen, ungesicherten Balkon? Dann wird es genau jetzt Zeit, dich zu öffnen. Du kannst stundenlang goldene Energie in das Feld deiner Katzen schicken, das ändert nichts, wenn sie einfach frische Luft brauchen.

Wenn wir etwas dauerhaft verändern wollen, müssen wir es auf der Ebene tun, auf der das Thema angesiedelt ist, auch wenn wir nicht gleich wissen, wie. Sonst bist du andauernd damit beschäftigt, das Feld zu energetisieren, weil es nicht stabil bleiben kann, wenn ihm die äußeren oder inneren Umstände widersprechen. Entscheide zunächst, daß du das Energiefeld stärker und leuchtender haben willst, egal wie. Meistens halten wir es einfach nicht für möglich, daß sich Dinge verändern können – doch genau darum geht es in diesem Schritt.

Woher weißt du, daß es keine Möglichkeiten gibt, deine Katzen mit dem Auto in eine Gegend zu fahren, in denen sie in einem gesicherten Areal Auslauf haben können? Nur, weil du keines kennst? Nun, ich nehme einmal an, du kennst eine ganze Menge nicht, aber es existiert dennoch. Vielleicht haben deine Eltern einen Schrebergarten, in dem du ein Gehege einrichten kannst? Zuviel Aufwand? Hm. So ist das mit dem Energiefeld, wenn du wirklich dafür sorgen willst, dann tu es einfach. Es gibt immer Möglichkeiten, wenn wir darauf bestehen und uns nicht von den Gegebenheiten beeindrukken lassen.

Öffne dich, habe Geduld, bekräftige deine Absicht, und dann staune über das, was geschieht. Vielleicht merkst du bald, daß du selbst keine Lust mehr hast, mitten in der lauten Stadt zu wohnen. Wenn du bereit bist, das Energiefeld ernsthaft zu verbessern und zu verändern, dann wird auch dein eigenes ins Schwanken kommen, und du wirst deine eigenen Engstellen kennenlernen. Meistens haben sie viel mit

„das geht nicht", „das gibt es nicht", „das kann ich nicht" zu tun, mit dem Gefühl, den Umständen ausgeliefert zu sein und nicht wirklich etwas bewegen zu können. Glaub mir, du kannst! Wenn du es ernst meinst und eine höhere Kraft um Hilfe bittest, wenn du bereit bist, dich dann wirklich zu öffnen und ein paar Widrigkeiten in Kauf zu nehmen, wirst du bald sehr viel mehr Lebendigkeit und Lebensfreude erfahren. Um dich herum und in dir, denn du hast es ermöglicht.

Erlaube dir also, völlig unvoreingenommen wahrzunehmen, wo das Feld gestört ist und was es braucht. In deinem Unterbewußtsein weißt du es wahrscheinlich sowieso schon. Manchmal sind es Kleinigkeiten, aber manchmal sind es auch grundsätzliche Dinge, oftmals auch etwas, wovor wir Angst haben oder was wir, wie schon gesagt, nicht für möglich halten.

Um ein Energiefeld dauerhaft zu stabilisieren und zu verändern, sind meistens auch ein paar Veränderungen im Außen notwendig, denn hier findet ja das Energiefeld, in dem du lebst, seinen Ausdruck. Das ist keine versponnene Idee, keine vage Möglichkeit, sondern ein spirituelles Gesetz. Auch wenn du es vielleicht nicht wahrhaben möchtest – deine Lebensumstände spiegeln dein Energiefeld wider, auch und gerade in den Bereichen, in denen du keinen Einfluß zu haben glaubst. Dann zeigen sie dir genau diesen inneren Zustand, nämlich das Gefühl, ausgeliefert und ein Opfer zu sein.

Manchmal aber bekommst du partout kein Gefühl dafür, was zu tun ist. Dann ist es wichtig, daß du deine Überzeugungen von richtig und falsch losläßt. Wenn du dich für das Energiefeld öffnest, dann

betrachte es unvoreingenommen; frage, was fehlt, was zuviel ist, was stört, aber laß deine eigenen Vorstellungen darüber, wie es sein sollte, los. Du weißt es vielleicht wirklich nicht.

Bitte darum, daß sich das Feld so einpendelt, wie es für alle Beteiligten richtig und gut ist, wie es alle zu mehr Lebensfreude, Liebe und Erleuchtung führt. Bitte eure Schutzengel und die Kraft des Schöpfers selbst, vielleicht die Göttin Bastet oder die spirituelle Kraft, der du vertraust, um das Beste für alle. Dann öffne dich, und sei bereit, zu tun, was von dir verlangt wird. Wenn du dieser lebendigen göttlichen Kraft folgen willst, dann darf dir keine Mühe zu groß sein. Sei sicher, du wirst auf deinem Weg immer unterstützt und versorgt, und es kommt immer etwas sehr viel Besseres dabei heraus, als du dir das selbst ausdenken könntest. Folge deinen Impulsen.

Vielleicht merkst du auf einmal, daß der Kratzbaum mit Liegefläche an einer falschen Stelle steht und sich deine Katze dort nie wirklich entspannen kann, weil sie in der Zugluft liegt. Vielleicht merkst du, daß sie sich nicht mit deinem Partner versteht; dann rede mit ihm und versuche, herauszufinden, ob er vielleicht etwas gegen sie hat. Meistens ist es so, wenn auch unterschwellig. Dann ist Ehrlichkeit gefordert; du wirst sehen, ob dein Partner das leisten kann oder nicht.

Wenn du das Feld dauerhaft verändern willst, dann zieht das Kreise, und du bewegst wirklich etwas. Also, sei dir bewußt, daß du gerade ganz neue Energien auf die Erde bittest und daß es alle Beteiligten, auch dich, verändern wird.

Unsere Babys

Wenn du ein Feld dauerhaft veränderst, kann das zunächst merkwürdig und falsch aussehen – wie sehr, will ich dir jetzt schildern: Alanis hat jetzt ihre Babys. Doch das war alles gar nicht so einfach. Denn als ich am Montag mit ihr zur Tierklinik kam, fragte der Arzt entsetzt, warum ich denn jetzt erst käme. Hallo? Seine Kollegin hatte mir doch am Samstag am Telefon gesagt, daß alles noch im Rahmen sei! Ich wußte damit einmal mehr, ich konnte mir vertrauen, denn mein ungutes Gefühl vom Wochenende hatte mich nicht getrogen.

Alanis wurde geröntgt, und ich sah fünf kleine Wirbelsäulchen. „Sofort einen Kaiserschnitt!" ordnete der Arzt an. Ich hatte keinen Urlaub mehr, mußte in die Praxis, verfiel in Panik und bekam Wut auf meine Krankengymnastik-Patienten, weil sie Termine bei mir hatten, obwohl ich hier gebraucht wurde. Ich war auf einmal vollkommen überfordert und hatte nicht einmal Notfalltropfen dabei.

Aber ich hatte Maria, und sie hatte zum Glück Urlaub. Diesmal war es meine Seelenschwester, die ausglich, mich beruhigte, mich zur Arbeit fuhr (mein Auto war kaputt, auch das noch!), Alanis mit ihren Babys abholte und es aushielt, daß sie nur

zwei von fünfen mitnehmen konnte. Die anderen starben kurz nach der Geburt; eines von diesen war sogar deformiert und deshalb nicht lebensfähig gewesen. Es käme nicht vom Übertragen (also davon, daß Alanis die Kleinen zu lange im Bauch gehabt hatte), meinte der Arzt. Wenigstens das nicht.

Aber auch wenn es davon gekommen wäre, wäre es in Ordnung gewesen. Da ich meiner göttlichen Führung unterdessen wirklich vertraue, weiß ich, alles ist gut und richtig so, wie es ist. Ich hätte es gespürt, wenn sie wirklich in Not gewesen wäre. Dann hätte ich nicht nur ein unruhiges Gefühl gehabt, sondern eine klare innere oder äußere Weisung erhalten. Wenn ich die nicht bekomme, dann gibt es nichts zu tun, dann rollt einfach das Rad des Schicksals.

Auch in diesem Fall machte auf einmal alles Sinn. Als ich hörte, daß eines der Babys deformiert war, war ich nur noch dankbar dafür, daß Alanis ihre Kinder nicht zu Hause bekommen hatte. Das Leben hatte uns allen diese Erfahrung erspart und das Unglück durch geübte, professionelle, emotional nicht direkt beteiligte Menschen abfangen lassen. Ich bin wieder ruhig, ich weiß jetzt, wie sinnvoll es war, daß sie nicht zu Hause geworfen hat, und daß ich nicht versagt habe.

(Meine Angst, zu versagen, ist eine meiner Schwachstellen in mei-

nem Energiefeld. Ich weiß das, aber ich falle bei Streß immer wieder in dieses Loch. Es wird geheilt, aber das dauert. Es ist wie so oft „learning by doing" (Lernen durch Erfahrung). Durch Zuschauen und Beobachten baue ich ein stabiles Feld auf, in dem ich Selbstvertrauen und Zuversicht finden kann. Wenn ich genau hinschaue und hinterfrage, wozu Dinge gut sind, dann sehe ich immer öfter den großen Zusammenhang, und meine Ego-Rolle wird kleiner. Denn die Idee, ich wäre für alles und jedes verantwortlich, würde ja auch bedeuten, daß ich alles und jedes kontrollieren kann, wenn ich mich nur genügend anstrenge.)

Natürlich, wenn es sein muß, kommt man mit allem klar. Aber so hatte sich der Arzt um das deformierte Baby kümmern können, ich selbst mußte nichts machen. Es lebte noch, als er es aus der Bauchhöhle holte, mußte aber sofort eingeschläfert werden. Wie hätte ich das zu Hause entscheiden oder gar machen sollen? Sicher, es hätte eine Lösung gegeben, aber das war die einfachste und sicherste. Ich wußte Alanis in guten Händen, die Sorgen, die ich mir gemacht hatte, weil sie so klein und dünn ist (und dann fünf Babys säugen sollte), waren hinfällig.

Nun könnte man fragen: Warum mußte das eine überhaupt deformiert sein? Und warum mußten die anderen beiden sterben? Was soll denn dabei der göttliche Plan sein? Ist das nicht einfach Plan B? Wenn es schon deformiert ist, dann wird mir wenigstens das Einschläfern erspart? Hätte der liebe Gott nicht mit fünf gesunden Katzenkindern aufwarten können?

Ich frage das, ehrlich gesagt, nicht mehr, weil das Leben nun mal so ist und es nur meine Vorstellung ist, daß es besser wäre, wenn alle gesund wären. Vielleicht stimmt das einfach nicht, denn möglicherweise reicht Alanis' Milch für genau die beiden Überlebenden. Ich vertraue unterdessen sehr darauf, daß alles so richtig ist, wie es geschieht. Früher hätte ich noch im Wartezimmer wütend eine Erklärung von meinen Engeln verlangt (und eine bekommen, deshalb habe ich gelernt, zu vertrauen). Unterdessen reicht es mir, zu wissen (nicht zu glauben, sondern zu WISSEN), es gibt eine.

Aber ich will die Fragen dennoch beantworten. Dazu öffne ich mich und frage einfach nach, wie du es in Schritt drei kennengelernt hast. Und hier ist die Antwort, die ich erhielt. Es ist eine Antwort ganz speziell für mich, für mein Leben, nicht die für dich oder für deine Nachbarin:

›Es wurde Zeit für die nächste Stufe von Lebendigkeit, und der Tod gehört dazu. Dieses Erlebnis stärkt dein Vertrauen in Maria und in dich. Du erkennst, daß du auch damit zurechtkommst, daß auch das geschehen kann, ohne daß du verzweifelst oder zusammenbrichst. Und du spürst, daß du dich auf Maria verlassen kannst, daß sie oft viel stärker ist, als du befürchtest. Wir führen euch Schritt für Schritt hinein in alles, was möglich ist, und zeigen euch, daß ihr sehr viel mehr bewältigen könnt, als ihr euch zutraut. Gemeinsam und jede für sich – das erweitert und öffnet das Feld. Ihr erkennt, ihr könnt auch mit Tod und Krankheit umgehen. Für das kleine Körperchen war es nicht schlimm, es hatte sowieso nicht die Absicht, zur Erde zu kom-

men. Auch die anderen beiden, die starben, kamen nur, um euch diese Erfahrung zu ermöglichen, sie haben sehr leicht wieder losgelassen. Für Alanis sind zwei Kinder genug, sie ist nicht so stabil wie Cleo. Auch für euer Energiefeld sind zwei Kinder genug. Wir wollten euch zeigen, daß ihr es schafft, daß ihr euch auch davon nicht beeindrucken laßt oder in eurem Entschluß, euch dem Leben zu öffnen, wankend werdet. Am Samstag war es noch zu früh, denn ihr solltet beide lernen, daß Maria auch allein klarkommt.‹

Diese Antwort hat für mich sehr viel Sinn. Denn Maria und ich sind sehr geübt darin, mit komplizierten emotionalen Situationen umzugehen, und scheuen uns vor keiner energetischen Schwierigkeit, aber körperliche Leiden, Tod, Verlust und körperliche Fürsorge sind für uns beide schwierige Themen. So müssen wir mit diesen Dingen Übung erlangen. Das, was für jeden Bauern tägliches Brot ist, ist unsere größte Herausforderung. Wir sind auf anderen Ebenen, spirituellen und emotionalen, gut trainiert, und diesmal ist die irdische, körperliche unser Übungsfeld.

Zu Hause habe ich Alanis gleich Notfalltropfen gegeben, mir selbst auch. Maria hatte ihr das mit ihren Kindern schon erklärt, und sie ließ ihre Jungen bereitwillig trinken. Den anderen Katzen habe ich geistige Bilder geschickt, ihnen von den Babys erzählt und ihnen gesagt, daß Alanis erst einmal ihre Ruhe braucht.

Heute liegt Alanis in der ausgepolsterten Dusche, säugt ihre zwei Babys, und wir harren der Dinge, die da kommen. Ob Dana dabei ist, kann ich nicht sagen, die Babys sind noch so klein. Ich bin im Moment nur froh, daß sie überhaupt leben. Manchmal interessiert auch mich das höhere energetische Feld nicht die Bohne. Ich hoffe und bete, daß sie trinken (was sie tun). Ich hoffe, daß Alanis frißt und ihre Babys säugt. Alles weitere ist die Kür, die wir laufen können, nachdem sich das pure Leben durchgesetzt hat.

Manchmal braucht das energetische Feld einen irdischen Ausdruck, der sich in sauberen Decken, in liebevoller Zuwendung sowie in Sicherheit und Abgeschiedenheit ausdrückt. Wir geben Alanis einen Raum, in dem sie sich sicher fühlen kann. Wir halten die Tür noch geschlossen, damit die anderen Katzen sie nicht stören (sie reagiert irritiert, wenn die anderen kommen). Wir legen uns zu ihr, streicheln sie und sind auf körperlicher und emotionaler Ebene für sie da. Sie bekommt ihr Lieblingsfutter und alles, wovon wir das Gefühl haben, sie könnte es brauchen.

Tatsächlich gibt es keinen Unterschied: Ob ich ihr hochspirituelle violette Energie schicke oder dafür sorge, daß sie es warm und trokken hat, ist das gleiche. Beides ist ein Ausdruck meiner Fürsorge und Liebe, je nachdem, auf welcher Ebene Alanis es gerade braucht. Es ist nicht besser oder schlechter, nicht wertvoller oder spiritueller. Jede energetische Ebene ist gleich wichtig und gleich wertvoll, es hängt nur davon ab, im richtigen Moment die passende zu treffen.

Rosa Licht nutzt nichts, wenn deine Katze am Verhungern ist – na ja, vielleicht ein bißchen, aber das ist nicht, was sie gerade braucht. Genauso wie ihr das leckerste Fressen nichts nutzt, wenn sie unruhig ist und Angst hat; auch hier kannst du sie damit vielleicht einen Moment beruhigen – immerhin ist es überhaupt Energie –, aber es hilft nicht wirklich. Ich kann meinem Kater Morphy die allzu rote Energie aus dem Feld ziehen, aber ich will auch mit ihm spielen und ihm Bewegung ermöglichen, damit er die rote Energie umsetzen und leben kann.

Ein Feld zu reinigen und wiederherzustellen heißt also, die äußeren und inneren Störfaktoren beiseite zu räumen und neue Möglichkeiten zu erschaffen oder sich dafür zu öffnen. Das wirbelt dein Leben weitaus mehr durcheinander, als du das vielleicht annimmst. Denn das Leben und die göttliche Kraft, die du einlädst, nehmen ihre Chancen wahr und gehen davon aus, daß du weißt, was du tust, wenn du sie in dein Leben bittest.

Während ich schreibe, geht der Prozeß bei uns natürlich weiter, und ich werde sicher nie ein Ende für das Buch finden – denn eigentlich gibt es keines. Eine Sache möchte ich dir aber gern noch erzählen, wenn du mir noch zuhören möchtest:

Gestern abend kam ich von der Praxis nach Hause. Zum Glück ist meine Meditationsgruppe ausgefallen, denn ich wollte heim zu den Babys und zu Alanis. Ich öffnete also die Haustür, erwartete, daß mich mein Joey umschnurrt, wie er das sonst immer tut – er kam nicht. Ich ging nach oben, da lag er noch immer an dem Platz, an dem er gelegen hatte, als ich ihn am Mittag verlassen hatte, und schlief fest.

Maria sagte, er habe sich den ganzen Nachmittag nicht von der Stelle gerührt. Das kenne ich nicht bei ihm, er ist wirklich sehr lebhaft. Ich ging in die Küche und öffnete eine Futterdose. Spätestens jetzt hätte er angesaust kommen müssen. Doch Joey kam nicht. Ich rief ihn, und schließlich kam er irgendwann müde und matt die Treppe heruntergeschlichen.

Ich hielt ihm Leckerlis unter die Nase, er nahm sie nicht. Das war mehr als seltsam. Wir aßen, und ich versuchte, mich zu beruhigen. Doch irgendwann beim Essen, ohne daß ich es bewußt entschieden habe, stand ich auf und rief den Notdienst der Tierklinik an. Ich schilderte die Symptome und bekam einen Termin für 21.00 Uhr. Es war keine Frage, keine Entscheidung, ich handelte wie ferngesteuert.

Ich fuhr also mit ihm hin. Ich war nun wirklich beunruhigt und spürte wieder einmal, wie sehr ich an ihm hänge. Joey habe recht

hohes Fieber, sagte der Arzt, es sei sehr gut, daß ich gekommen sei. Der Kater bekam Antibiotika: Er hatte sich eine Erkältung zugezogen und durfte die Babys nicht anstecken. Bis morgen müßte er wieder fressen, sagte der Arzt, und das tut er heute auch.

Warum ich dir das erzähle? Weil ich durch dieses Erlebnis gelernt habe, daß ich mich auf mich verlassen kann. Das war wie eine Art Hinweis: „Hab keine Angst, und vertraue dir. Du spürst, wenn etwas nicht o.k. ist, und du reagierst sofort darauf. Es gibt dann keinen Zweifel, kein Zögern und Zaudern. Das ist eine wichtige Information, denn ich war durch die Sache mit Alanis' Babys etwas verunsichert.

Joey sagt dazu: ›Ich wollte dir zeigen, daß du sehr genau spürst, wann wir wirklich Hilfe brauchen und wann es noch nicht Zeit dafür ist. Ich wurde krank, damit du erkennst: Du bist da, und du kümmerst dich. Außerdem ändern sich Dinge in meinem Energiesystem, die ich dir nicht beschreiben kann, weil ich es nicht verstehe, aber ich weiß, es ist so.‹

Ich frage seinen Schutzengel, denn er weiß, was sich bei Joey ändert: ›Wir nehmen bei ihm einige Energien heraus und geben andere hinein. Wir tilgen die Spuren seiner gewalttätigen Vergangenheit,

außerdem entfernen wir ihn aus dem Haus, damit sich dessen Energie-feld neu stabilisieren und einpendeln kann. Joey stört es manchmal noch zu sehr, und wir stabilisieren es, gleichzeitig verändern wir seins, während er nicht im Haus ist.‹

Das erscheint mir sinnvoll, und ich dachte mir schon etwas in der Art, weil ich unterdessen sehr vertraut bin mit energetischen Prozes-sen. Es ist nun in zwei Wochen schon dreimal geschehen, daß Joey das Haus verlassen hat (gestern mußte er noch eine zweite Spritze bekommen, ich war also wieder beim Tierarzt), das kenne ich von unseren Katzen eigentlich gar nicht. Es mußte einen Sinn haben, weil es im Moment so oft vorkommt. Außerdem wird er im Moment sehr häufig „kampfunfähig" gemacht, letzte Woche durch die Narkose und das Scheren, diese Woche durch seine Krankheit.

Natürlich könnte man nun auch sagen: Klar, daß er krank wird – erstens hat er sein dickes Fell nicht mehr, das schwächt ihn, und

zweitens ist er ja im Umbruch. Das stimmt auch, aber so definieren wir Krankheit nicht. Das sind die Ursachen, ja, aber viel wichtiger ist, zu verstehen, wozu es energetisch dient. Denn nicht jede Katze wird krank, nur weil sie geschoren wird.

Es ist mein tiefer Wunsch, zu verstehen, was auf energetischer Ebene los ist, egal was ge-schieht. Die Ursache zu verstehen ist die eine Seite, und sie ist ja meistens offensichtlich.

Aber das reicht mir nicht, ich will auch wissen, welchen Platz ein Ereignis im größeren Plan hat. Die Ursachen für Danas Tod waren ihr Wunsch, die Straße zu überqueren, und das Auto, das sie angefahren hat. Damit weiß ich aber nichts über das, was sich die Schöpfung dabei gedacht hat. Und weil ich ein Teil dieser Schöpfung bin und mich auch als solchen wahrnehme, will ich hinter die Kulissen schauen können. Wir sind Mitschöpfer unserer Wirklichkeit, es ist absolut sinnvoll, unser spirituelles Drehbuch zu kennen, nicht nur unsere Rolle zu spielen. Dann können wir es irgendwann auch auf bewußter Ebene mitschreiben.

Und weißt du, was? Heute morgen hat Joey mit Morpheus zusammen aus einer Schüssel gefressen …

So. An dieser Stelle beende ich nun dieses Buch, denn, wie gesagt, irgendwo muß ich es ja tun. Doch kurz bevor es erscheint, werde ich das hinzufügen, was jetzt noch offen ist. Zum Beispiel, welche Kätzchen wir behalten haben, ob Dana tatsächlich dabei ist und was Morpheus sagt. Ihn höre ich noch nicht, er ist noch zu sehr mit Eingewöhnen beschäftigt.

Am zweiten Tag habe ich die Lichtbrücke zu ihm hergestellt und bei ihm angeklopft, ich hab richtig gemerkt, wie er energetisch zusammenzuckte und sich sehr wunderte, wer da klopft. Gerade höre ich, er freue sich sehr auf eine gute Zusammenarbeit (das hab ich ja noch nie gehört, eine „gute Zusammenarbeit" – was wird denn das?), aber im Moment müsse er erst noch seinen Platz finden und er danke uns

dafür, daß wir ihn dabei so gut unterstützten. Er sagt, er kenne und liebe Joey, doch sie seien einen sehr unterschiedlichen Weg gegangen und bräuchten Zeit, sich einander anzunähern, aber sie freuten sich aufeinander. Die Kastration sei für ihn wichtig gewesen, denn er wolle seine spirituellen Anteile entwickeln. Das wollen anscheinend alle, die zu uns kommen, aber das ist in diesem Haus ja auch genau die Vereinbarung, egal wer zur Tür hereinschneit ...

Ich habe die Philosophen und die Katzen studiert,
jedoch die Weisheit der Katzen ist letztlich um ein weites größer.

HIPPOLYTE TAINE
(1828–1893, französischer Philosoph, Historiker und Schriftsteller)

Epilog

Seit einiger Zeit begleite ich Menschen, deren Tiere gestorben sind oder eingeschläfert werden müssen, aber auch Menschen, die ihre Tiere einfach besser verstehen möchten. Das ist eine unglaublich schöne Aufgabe. Die Tiere sind immer sehr viel verständnisvoller und sehr viel geduldiger, als wir das annehmen – und vielleicht befürchten. Immer wieder, wenn ich mich mit ihrer hohen Energie verbinde, bin ich überrascht, wie anders es sich anhört als das, was wir erwarten. Tiere tragen gern die Lasten ihrer Halter, und das so lange, bis wir Menschen bereit sind, sie wieder selbst zu übernehmen.

Es gibt viele Tiere, die jetzt sterben, um ihrem geliebten Menschen von einer höheren Ebene aus zu dienen. Viele von ihnen sind schon lange, über viele Inkarnationen hinweg, mit uns verbunden. Je besser wir lernen, ihnen zuzuhören, uns für ihre wahren Energien zu öffnen, desto besser können wir die Liebe, die von ihnen in unser Leben strömt, annehmen und spüren. Außerdem helfen sie uns, unsere Herzen zu öffnen und unsere Liebe zu entwickeln. Es ist viel leichter, ein Tier zu lieben als einen Menschen, denn ein Tier hat kein Ego und verbirgt sich nicht hinter Masken, es zeigt sich immer so, wie es ist. Und Nähe erzeugt nun mal unweigerlich Liebe.

Wir Menschen gehen den Weg des Ego und der Masken, wir haben die Aufgabe gewählt – oder auf uns genommen –, die Schöpfung in all ihren Energien zu erleben und zu verwirklichen. Dazu gehört, zu ver-

gessen, welch hohe spirituelle Wesen wir sind, und dazu gehört die lange, einsame Erfahrung der scheinbaren Getrenntheit vom göttlichen Plan. Wir brauchten einen freien Willen, und wir mußten bislang unsere Engelsflügel verstecken, sogar vor uns selbst, sonst können wir unsere Aufgabe nicht erfüllen. Tiere sind wie eine Art Anbindung und Erinnerung an unser eigenes wahres Wesen, das wir bereitwillig hinter einem Schatten verborgen haben, um der Schöpfung unseren Dienst zu erweisen. Sie erhalten die Energie der Liebe auch in denjenigen unter uns aufrecht, die sich sehr weit in die Getrenntheit und Dunkelheit vorgewagt haben. Unsere geliebten Tiere bilden manchmal die einzige Brücke zu unseren edlen, liebevollen Gefühlen, und genau deshalb sind sie bei uns.

Unsere Tiere reihen sich energetisch ein in die Heerscharen von Engeln und Naturwesen, die alle unseren Licht- und Aufstiegsprozeß unterstützen. Ob wir unsere geliebten Begleiter nur ein bißchen besser verstehen wollen oder ob wir sie als die bewußten, geistig hochentwickelten spirituellen Wesen ansehen lernen, die sie sind, liegt nun an uns.

Zum Abschluß dieses Büchleins noch eine Botschaft von der großen Hüterin der Tierseelen: „Ihr dürft uns lieben, ihr dürft uns töten – wir stehen euch mit unserer Energie für alles zur Verfügung, was ihr ausprobieren wollt, denn wir wissen, wir dienen der großen universellen Kraft, die wir Gott nennen und die sich selbst auf der Erde ausprobiert und kennenlernt. Wir stehen euch zur Verfügung, und es ist euer Bewußtsein, das entscheidet, auf welche Weise wir euch die-

nen dürfen. Ob als Nahrung, als geliebte Begleiter, als wilde Tiere oder als Kuschelgefährten, wir sind für euch da, und ihr dürft euch auch an uns ausprobieren und entwickeln. Wie alle Wesen der Erde und des Himmel dienen wir der göttlichen Schöpferkraft, und wir stehen euch zur Verfügung. Wir wissen um eure große Aufgabe, wir ehren und achten euch, und wir sind gern Werkzeug, um diese große Aufgabe zu bewältigen."

So hören sich Tiere an. Bereitwillig und demütig, ohne je Opfer zu sein, erkennen sie ihren Platz und nehmen ihre Aufgabe im großen Schöpferplan wahr. Die Aborigines und die Buddhisten verneigen sich vor dem Tier, das sie essen, sie danken ihm, bitten es um Vergebung und achten und ehren es so, wie uns die Tiere achten. Das wäre doch schon mal ein guter Anfang ...

Und ganz zum Schluß ...

Alanis' Babys tranken viel und entwickelten sich prächtig – so prächtig, daß sie sehr schnell ziemlich schwer wurden, zu schwer für ihre kleinen Beinchen. Alanis mußte zum Arzt, weil sich ihre Kaiserschnittwunde ein bißchen entzündet hatte, und ich nahm die Kätzchen mit, um die Mutter nicht zu lange von ihren Kindern zu trennen. Ich erzählte der Ärztin, daß die Kleinen nach drei Wochen noch nicht richtig laufen können, sondern eher robbten, wie Babys, die noch nicht krabbeln können, sich aber mit den Beinen abstoßen (normalerweise fangen Katzenkinder mit etwa 14 Tagen an zu laufen).

Die Ärztin meinte, das komme bei kleinen Hunden manchmal vor, wir sollten mit ihnen üben, sonst gewöhnten sie sich an diese Form der Fortbewegung. Zum Glück bin ich Krankengymnastin und habe schon mit vielen Babys gearbeitet, die nicht krabbeln; ich wußte also, was zu tun war. Nun übten wir also krabbeln. Und wir entschieden, egal was passiert, sie würden es bei uns gut haben, und wenn wir sie für den Rest ihres Lebens tragen müßten (was totaler Unsinn ist, sie konnten sich ja fortbewegen. Wir waren aber bereit, uns ihnen so zu widmen, wie sie es brauchen).

Natürlich fragte ich gleich, was das nun sollte. ›Das schafft eine ganz besondere

Verbindung zwischen euch und den Babys‹, hörte ich, ›die Babys
bekommen dadurch eine sehr viel innigere Bindung an euch, als sie
sie normalerweise hätten. Sie werden sich euch sehr viel enger an-
schließen.‹ Damit war auch klar, daß wir beide behalten. Bring mal
einem Katzenbaby das Laufen bei, und gib es dann noch weg ...

Die Zeit, in der wir mit den Kindern geübt haben, hat auch uns
sehr tief miteinander verbunden und uns gezeigt, daß wir auch für
uns schwierige Aufgaben gemeinsam sehr gut meistern können. Jetzt laufen die Kleinen und toben durch die Wohnung,
legen sich aber, wenn sie müde sind, ganz dicht zu uns.

Und dann kam dieser Tag, an dem ich dasjenige der
Babys, das mich von Anfang an, noch bevor es überhaupt
sehen konnte, gleich miauend begrüßt hatte, auf der Hand
sitzen hatte. „Welcome back", hörte ich eine Stimme sagen.
Welcome back, welcome back. Ich kann mir ja auch viel einbilden, dachte ich. Aber ich bilde mir eigentlich nie etwas in
englisch ein ...

Auf einmal strömte eine so tiefe Liebe und Verbundenheit
mit diesem Katzenkind in mein Herz, daß ich weinen mußte.
Der alte Schmerz um Dana kam, und zugleich ein tiefes Gefühl von
Frieden. Wenn Dana überhaupt wieder auf die Erde kommt, dann ist
das diese Katze. Mehr Hinweise und Informationen werde ich nicht
bekommen, dachte ich. Und mehr brauche ich auch nicht. Es kommt
mir vor, als wäre Dana wieder da. Die Kleine rennt sofort zu mir, wenn
sie mich sieht, und ich habe das gleiche Gefühl tiefer Verbundenheit mit

ihr, wie ich es bei Dana hatte. Wir rufen sie jetzt Dana – und es fühlt sich richtig an.

Das ist das erste Mal, daß ich ganz bewußt eine Reinkarnation erlebe. Wenn es denn so ist; wenn nicht, ist es auch egal. Ich vertraue wie immer dem, was ich spüre, mit der Option, mich eines Besseren belehren zu lassen. Aber bis jetzt kam noch nichts Besseres. Ich hörte neulich nachts, daß mich ihr Schutzengel extra auf englisch begrüßt hatte, damit ich weiß, das bilde ich mir nicht ein. Es war nicht Dana selbst, die mit mir redete, dazu ist sie noch zu klein, sondern ihr Begleiter.

Es ist, als versammelten sich all meine Anteile in diesem Haus. Gleichzeitig – ich schreibe das, weil es dazuzugehören scheint – habe ich nach zwanzig Jahren im Keller meiner Mutter meine noch relativ unversehrte erste Lieblingspuppe wiedergefunden, und meine Schwester schickte mir eines meiner ersten Kleidchen zu, an das ich gar nicht mehr gedacht habe. Aber jetzt, da ich es habe, sehe ich, daß mich sehr viele Kinderbilder mit diesem Kleid zeigen, ich mochte es also anscheinend sehr. Es ist, als versammelte sich hier in diesem Haus alles, was je zu mir gehörte und was mir wichtig ist. Die Energie wird immer runder und vollständiger, die frühere Zersplitterung hört auf.

Morpheus ist immer noch ziemlich wild, er spielt recht rauh mit seinen Kindern Dana und Lilli. Mit Joey versteht er sich unterdessen sehr gut, die beiden sind ein richtiges Team. Nur Cleo faucht, wenn Morpheus in ihre Nähe kommt. Aber das wird noch, sie will ja genau

das lernen, sich abgrenzen. Er sagt, er füge dem Feld hier seine Weisheit und Energie hinzu, auch wenn er sehr verspielt sei. Er hält so eine Art Merlin-Energie, ich nenne ihn oft „morphogenetisches Feld" und frage bei ihm nach, wenn ich etwas nicht weiß. Er ist immer noch sehr kuschelig und verschmust, gleichzeitig spielt er sehr rauh und bringt starke Energie in unser Haus, manchmal fast ein bißchen zu starke.

›Deshalb bin ich bei euch‹, sagt er. ›Ihr könnt das aushalten. Ich habe sehr viel Energie und bin anderen schnell zuviel. Aber bei euch kann ich das ausleben, ohne zerstörerisch zu sein. Ich brauche Grenzen, aber vor allem brauche ich den Raum, der zu sein, der ich bin, und zwar in allen Facetten. Ich bin zutiefst dankbar, daß du mich verstehst, all meine Teile wahrnimmst, meine wilden und verschmusten, aber auch die hohe Weisheit, die ich halte.‹

Ich spüre tatsächlich seine Dankbarkeit. (Als wäre das nötig. Wenn er wüßte, wie sehr ich ihn brauche und wie dankbar ich ihm bin! Dennoch nehme ich sie an, das schafft eine sehr tiefe Nähe zwischen uns.) Und ich spüre, daß ihm seine eigene Energie manchmal selbst zuviel ist für das bißchen Körper, das er nun mal als Katze nur zur Verfügung hat. Ich habe auch schon daran gedacht, ob ich ihn ganz rauslassen soll, damit er draußen stromern kann, aber ich spüre auch, daß er lernen will, seine Energie zu zügeln und zu lenken, nicht zerstö-

rerisch einzusetzen. Er ist übrigens ein sehr liebevoller Vater, kümmert sich rührend um seine Kinder, spielt mit ihnen, trägt sie herum, interessiert sich für sie. Mit Alanis ist er glücklich, sie liegen oft beieinander, haben Dana und Lilly um sich versammelt und sind wie ein Ehepaar.

So ist das im Moment bei uns. Wir haben hier sehr viel Kraft, viel Energie, viel Lebendigkeit. Unser Energiefeld erweitert sich mehr und mehr, es bekommt immer kraftvollere Farben und immer mehr Möglichkeiten. Maria und ich haben uns auf entschieden mehr „Leben" eingelassen, als wir uns das noch vor drei Jahren hätten vorstellen können. Ich bin erfüllt wie noch nie zuvor, und ich weiß, daß es immer besser und besser wird, egal was geschieht – weil wir es so erschaffen und entscheiden.

Wir fühlen uns gut geführt, getragen. Wir leben mit einer bunten Katzenschar, und ich lerne immer besser, nicht zu kontrollieren, sondern loszulassen und mich dem Leben so hinzugeben, wie es nun mal ist. Manchmal muß ich auch meine Arbeitszimmertür hinter mir zumachen und alle draußen lassen, manchmal brauche ich absolut ungestörten Raum. Dann kommt Cleo, kratzt sanft an der Tür, legt sich still in eine Ecke und teilt ihn mit mir.

Ich werde nie wieder allein sein, solange ich Katzen habe, mich nie wieder einsam fühlen. Es gibt kein größeres Geschenk in meinem Leben als das.

Manchmal sitzt sie dir zu Füßen
und sieht dich so sanft und zärtlich an,
daß die Tiefe ihres Blickes dich betroffen macht.
Wer mag glauben, daß hinter diesen leuchtenden Augen
keine Seele sei?

THÉOPHILE GAUTIER
(1811–1872, französischer Erzähler, Lyriker und Kritiker)

Ende

Literaturempfehlungen

Kate Solisti-Mattelon & Patrice Mattelon:
Spirituelle Partnerschaft mit Haustieren (München 2000)

Sehr gutes, inspirierendes Buch über Katzen, Hunde und Pferde und ihre speziellen Aufgaben im Leben der Menschen. Besonders interessant für alle, welche etwas über die Unterschiede der Aufgaben erfahren wollen. Sehr liebevoll geschrieben. Super und unglaublich hilfreich: die Beschreibung der Bach-Blüten in bezug auf Tiere.

Christine Klinka:
Unsere Katze spinnt (CH-Cham 2002)

Sehr gutes Buch über das Verhalten von Katzen. Natürlich nicht nur sehr hilfreich, wenn sie „spinnen", sondern auch, wenn es außergewöhnliche Belastungen gibt. Als Morpheus zu uns kam, war es sehr wertvoll, denn vieles weiß man eben nicht intuitiv, ich jedenfalls nicht.

Maryjean Ballner:
Streichelmassagen für Katzen (Stuttgart 2000)

Sehr liebevolles Buch darüber, wie du deine Katze am besten anfassen und wie du ein sehr gutes körperliches Verhältnis zu ihr aufbauen kannst. Wenn du dir gern Zeit für deine Katze nehmen willst, dann ist dieses Buch ideal.

Durch ihren eigenen Genesungsweg aus der Beziehungs-sucht erkannte Susanne Hühn die fast magische Heilkraft des äußerst erfolgreichen 12-Schritte-Programmes, das ver-schiedene Selbsthilfegruppen anwenden. In ihrer im Schirner Verlag erschienenen Reihe „Loslassen" zeigt sie, wie man jenes Genesungsprogramm auch in anderen wich-tigen Lebensbereichen hilfreich anwenden kann.

Besuchen Sie Susanne Hühn auf ihrer Website:
www.Susanne-Huehn.de

Susanne Hühn
Loslassen und
Vertrauen lernen
Spirituelle Selbstverantwortung und
innere Heilung in 12 Schritten
128 S., Paperback
ISBN 3-89767-140-9
Das Buch beschreibt einen spirituel-len Entwicklungsweg, der eine echte, tiefgreifende Verhaltensänderung zum Ziel hat. 12 Schritte bilden die Brücke zwischen dem eigenen Leben und einer gesunden spirituellen Kraft, die jeder für sich definiert, unhabhängig von einer Religion.

Susanne Hühn
Was Dir Kraft gibt
Kleine Rituale für
das tägliche Glück
288 S., Paperback
ISBN 3-89767-172-7
In diesem Buch finden Sie eine Vielzahl unterschiedlicher Wege, wie Sie Ihre im Alltag verlorene Kraft wiedergewinnen können: Sei es, einen Baum zu umarmen, ein Brot zu backen, sich selbst Danke zu sagen u.v.a.m.

Susanne Hühn
Loslassen und Reichtum
schaffen
Die ideale Fülle finden in 12 Schrit-
ten
180 S., Paperback
ISBN 3-89767-182-4
Anhand der bewährten 12-Schritte-Methode zeigt Susanne Hühn, wie Sie einen entspannten Zugang zum The-ma Geld finden und ein persönliches Gefühl idealer Fülle entwickeln, aus dem heraus wahrer Reichtum entstehen kann.

Jeanne Ruland
Das große Buch der Engel
Namen, Geschichte(n) und Rituale
392 S., Paperback
ISBN 3-89767-081-X
Über 1400 Engelnamen, ihre Bedeutung und Zuordnung sowie vieles mehr, was Sie über Engel wissen wollen: Was essen Engel? Leben Engel ewig? Wie entstehen Engel? Wie können wir mit Ihnen in Verbindung treten und ihre lichte Kraft in unserem Leben aktivieren? Dazu und zu vielen anderen Themen finden Sie Antworten in diesem umfangreichen Grundlagenwerk .

Jeanne Ruland
Krafttiere
begleiten Dein Leben
416 S., Paperback, farbig illustriert
ISBN 3-89767-148-4
Ein umfassendes Kompendium zum Thema Krafttiere, in dem über 100 Tiere beschrieben werden. Jedes Tier wird mit seiner Lebensweise, seiner Bedeutung in verschiedenen Epochen und Kulturen sowie die Medizin, die es dem Menschen bringt, vorgestellt. Zudem bekommen Sie auch Vorgehensweisen beschrieben, wie Sie Ihr Krafttier finden und wie Sie mit Ihrem Tier arbeiten können.

Jeanne Ruland
Feen, Elfen, Gnome
Das große Buch der Naturgeister
320 S., Paperback, farbig illustriert
ISBN 3-89767-139-5
Dieses Buch ist ein liebevoller und informativer Begleiter in die Reiche der Natur. Es zeigt die verschiedenen Möglichkeiten auf, wie wir mit den Wesen der Natur in Kontakt treten können und was wir dabei beherzigen sollten. Vorgestellt werden auch die verschiedenen Ebenen der Welt der Naturgeister mit ihren Eigenheiten, Bewohnern und Entsprechungen in der Alltagswelt.

Simon Schott • Jeannette Weiss
Die Delphin-Methode
Wie man im wachsenden Chaos des dritten Jahrtausends glücklich leben kann
128 S., Klappenbroschur
ISBN 3-89767-185-9
In diesem Buch lernen Sie von den Delphinen, wie Sie mehr Energie erlangen können, wie Sie durch Hilfsbereitschaft diese Energie an andere weiter geben können, ohne dabei selbst leer zu werden. Sie erfahren, wie Sie sich einen liebevollen, unterstützenden Freundeskreis schaffen, wie Sie beinahe spielerisch Ihrer Arbeit nachgehen können und wie Sie lernen, auf Ihre innere Stimme zu hören.